BIBLIOTHÈQUE MORALE

DE

LA JEUNESSE

PUBLIÉE

AVEC APPROBATION

Sainte Geneviève.

VIE

DE

SAINTE GENEVIÈVE

PATRONNE DE PARIS

Par Mlle E. BRUN.

ROUEN

MÉGARD ET Cie, IMPRIM.-LIBRAIRES

1857

APPROBATION.

Les Ouvrages composant **la Bibliothèque morale de la Jeunesse** ont été revus et approuvés par un Comité d'Ecclésiastiques nommé par MONSEIGNEUR L'ARCHEVÊQUE DE ROUEN.

L'ouvrage ayant pour titre : **Vie de sainte Geneviève,** a été lu et admis.

Le Président du Comité,

Picard

Archip. de la Métrop.

Avis des Éditeurs.

Les Éditeurs de la **Bibliothèque morale de la Jeunesse** ont pris tout à fait au sérieux le titre qu'ils ont choisi pour le donner à cette collection de bons livres. Ils regardent comme une obligation rigoureuse de ne rien négliger pour le justifier dans toute sa signification et toute son étendue.

Aucun livre ne sortira de leurs presses, pour entrer dans cette collection, qu'il n'ait été au préalable lu et examiné attentivement, non-seulement par les Éditeurs, mais encore par les personnes les plus compétentes et les plus éclairées. Pour cet examen, ils auront recours particulièrement à des Ecclésiastiques. C'est à eux, avant tout, qu'est confié le salut de l'Enfance, et, plus que qui que ce soit, ils sont capables de découvrir ce qui, le moins du monde, pourrait offrir quelque danger dans les publications destinées spécialement à la Jeunesse chrétienne.

Aussi tous les ouvrages composant la **Bibliothèque morale de la Jeunesse** sont-ils revus et approuvés par un Comité d'Ecclésiastiques nommé à cet effet par MONSEIGNEUR L'ARCHEVÊQUE DE ROUEN. C'est assez dire que les écoles et les familles chrétiennes trouveront dans notre collection toutes les garanties désirables, et que nous ferons tout pour justifier et accroître la confiance dont elle est déjà l'objet.

VIE

DE

SAINTE GENEVIÈVE.

I.

Sainte Geneviève naquit au bourg de Nanterre,
situé à 12 kilomètres de Paris. Dieu, qui la destinait
à de grandes choses, voulut la placer dans un état
obscur aux yeux du monde, ou plutôt sa main
jeta sur son origine un voile épais, que la curiosité ne put soulever, mais que la piété révère.
Qu'importe, en effet, aux âmes vraiment chrétiennes que l'illustre patronne de Paris soit née de

parents comblés des dons de la fortune et tenant un rang élevé dans la société, ou qu'elle doive le jour à de simples bergers, comme le dit la tradition immémoriale du lieu où elle prit naissance? La vertu que Dieu fit éclater en elle, les grâces dont il la combla, voilà tout ce que cherchent les âmes pieuses. Un modèle, une protectrice, c'est tout ce qu'elles désirent trouver dans l'humble vierge de Nanterre. Puiser dans le récit de ses œuvres un motif de plus pour glorifier Dieu, toujours admirable dans ses saints, tel est le but où tendent leurs désirs; et laissant aux sectateurs du monde le soin de donner à leurs héros tous les avantages qui peuvent les rehausser à ses regards, elles cherchent, pour nourrir leur esprit et leur cœur, à voir dans les saints les seuls biens qui forment les héros de la religion, la grâce et la vertu.

Le nom des parents de sainte Geneviève a seul percé cette nuit des temps qui enveloppe ses premières années. Son père s'appelait Sévère et sa mère Géronce. L'opinion la plus commune est qu'ils appartenaient à cette classe de propriétaires aisés qui veillaient eux-mêmes aux soins et à la garde de leurs troupeaux.

L'empire d'Occident touchait à sa ruine; Honorius ne tenait plus que d'une main faible, les rênes d'un pouvoir prêt à lui échapper. La bouillante valeur des Francs lui enlevait chaque jour quelques parties des Gaules, et déjà ces guerriers vainqueurs avaient élevé sur le pavois de Pharamond, l'un de leurs chefs, en lui donnant le titre pompeux de roi et le faisant maître des provinces que leur courage et le sien avaient arrachées à la domination romaine.

Ce fut sous le règne de ce prince que sainte Geneviève reçut le jour, vers l'an 422. Si l'histoire se tait sur sa première enfance, il est au moins permis à la piété de se figurer quelles furent les jeunes vertus de celle qui plus tard devait être l'ange tutélaire de la première cité du monde, et voir prosternés au pied de ses autels les peuples et les rois. Qui n'aimerait à se la représenter suivant sa mère dans les champs voisins de son humble demeure, et tantôt, près d'elle, suivant de l'œil tous ses mouvements, se prosterner à son exemple quand la cloche faisait entendre les sons qui annonçaient la prière, joindre ses petites mains avec ferveur et bégayer après Géronce les paroles qu'elle adressait à Dieu; tantôt, un peu plus loin, cherchant les plus belles fleurs de la prairie pour en former une couronne destinée à une statue de la Vierge, ou des bouquets qui devaient orner les autels au jour d'une fête solennelle et pieuse; d'autres fois, essayant de répéter l'hymne sacré qu'elle avait entendu la veille, et se fâchant en voyant l'inutilité de ses efforts, ou formant une croix avec deux branches d'arbre, et tenant à la laisse un agneau favori, marcher modestement dans le sentier de la montagne, pour imiter le saint précurseur dont l'image était suspendue au mur du toit paternel ?

1.

Prévenue par la grâce, quel charme de modestie et de piété devait se répandre autour d'elle ! Les mères l'enviaient toutes à sa mère ; les enfants de son âge ne se plaisaient qu'avec elle, et déjà dans sa complaisance, dans sa douceur, perçait cette charité dont sa vie devait être un acte continuel. La joie des autres était son plaisir, leurs chagrins faisaient couler ses larmes, et par d'enfantines prévenances, par de naïves et touchantes caresses, elle tâchait de dissiper les nuages de mécontentement qu'elle voyait sur le front de ses jeunes compagnes, et ne souriait qu'après les avoir vues sourire.

Aimable enfant, vous préludiez ainsi à ces œuvres que vous deviez accomplir durant votre longue carrière, et vous essayiez sans vous en douter même les forces de votre âme dans la pratique du bien. On admirait vos dispositions heureuses, on croyait vous voir suivre une pente naturelle à tout ce qui était bon, et vous accomplissiez les desseins de Dieu, vous suiviez l'immuable loi de sa volonté sainte. Desseins encore cachés, volonté que l'on ne pouvait connaître, mystère de grâce et d'amour qui bientôt pourtant allait se dévoiler à tous les regards.

II.

L'hérésie de Pélage se renouvelait en Angleterre
et ravageait l'héritage de Jésus-Christ. Dans leur
douleur, les fidèles de cette contrée tournèrent
leurs regards vers les évêques des Gaules et les
supplièrent d'envoyer à leur secours des hommes
pieux et instruits pour sauver la foi du naufrage
qui la menaçait. Dans le synode qu'ils tinrent à
cette occasion, les prélats gaulois, d'une voix una-
nime, désignèrent pour cette mission saint Germain, évêque d'Auxerre, et saint Loup, évêque de
Troyes, comme des hommes puissants en œuvres
et en paroles.

Les envoyés de Dieu se mettent en marche. Imi-
tateurs des apôtres, ils n'emportent rien avec eux.
Le Seigneur est leur protecteur, ils courent où sa

volonté les appelle, ils ne manqueront de rien, et l'hospitalité leur offrira un toit pour couvrir leurs têtes, un repas pour réparer leurs forces. Ils se hâtent, car le moindre délai peut donner à l'enfer une nouvelle victoire; et laissant derrière eux Lutèce et ses remparts, ils vont jusqu'au bourg de Nanterre demander un abri et prendre un peu de repos.

En approchant de l'église rustique, les saints missionnaires voient venir à eux une foule empressée. Des hommes encore à demi barbares se courbent devant eux, des jeunes femmes s'inclinent et présentent leurs enfants, des vieillards tombent à genoux, tous demandent aux pieux évêques leur bénédiction. Ils la donnent, pénétrés de joie à la vue d'une piété si sincère, et poursuivent leur chemin vers le temple du Seigneur.

Tout à coup saint Germain s'arrête. Dans cette pieuse multitude, il remarque une jeune fille modeste et recueillie, et la divine lumière lui fait reconnaître en elle quelque chose de céleste et d'angélique. Il lui fait signe d'approcher, il demande son nom. Cette enfant, c'était Geneviève.

Le saint prélat la considère avec cette bonté qui caractérise les saints, et ses parents s'étant approchés avec elle :

— Que vous êtes heureux, mes amis, leur dit-il, d'être les parents d'une telle fille ! Sachez que les anges ont fait dans le ciel, du jour de sa naissance sur la terre, un jour de fête et de réjouissance : cette petite sera grande devant le Seigneur, et il y en aura plusieurs qui, passant de l'admiration de sa vie à l'imitation de ses vertus, quitteront le péché, et, renonçant comme elle, par la possession d'une vie sainte, à la chair et au monde, obtiendront par ce moyen, outre la rémission de leurs péchés, les récompenses de la vie éternelle.

Après avoir ainsi révélé les desseins du Seigneur aux parents de Geneviève, le saint prélat s'adresse à l'enfant de bénédiction.

— Geneviève, ma fille, lui dit-il d'un ton plein de douceur.

— Saint père, répond Geneviève avec modestie, votre servante écoute ; ordonnez ce qu'il vous plaira.

— Je vous prie, ma fille, reprit saint Germain, de n'avoir point honte de me déclarer si vous voulez être épouse de Jésus-Christ, et, en cette qualité, vous consacrant à lui dans le célibat, lui conserver votre corps chaste le reste de vos jours.

Geneviève reste un moment sans répondre. Ces paroles sont pour elle un rayon de la lumière céleste, qui lui montre la réalité des rêves favoris de son cœur et lui dévoile les plus intimes pensées de son âme.

— Soyez béni, mon père, dit-elle en levant vers saint Germain un regard où rayonne la joie, soyez béni de me demander avec tant de bonté si je désire une chose que je souhaite avec tant d'ardeur ! Oui, je le veux de tout mon cœur, et je vous prie de demander à Notre-Seigneur qu'il me fasse la grâce d'accomplir le vœu que je lui en fais.

— Ayez bon courage et bonne espérance, ma fille, lui dit alors le saint évêque; tâchez vous-même d'accomplir ce que vous croyez dans votre cœur et professez par votre bouche, car Dieu ne manquera pas de vous donner la grâce, et il y joindra, comme parle l'Écriture, la force à votre beauté.

Après avoir prononcé ces mots, le saint évêque se dirigea vers l'église; saint Loup, Géronce, Sévère, Geneviève et les pieux habitants de Nanterre l'y suivirent; et là, faisant agenouiller près de lui la jeune enfant, Germain tint sa main élevée au-dessus de sa tête tant que dura la célébration de l'office du soir. Les derniers rayons du soleil couchant, dardant leurs feux mourants sur le vénérable prélat et sur la jeune fille qu'il consacrait au Seigneur, diapraient leurs vêtements des mille couleurs déposées sur les fenêtres du temple; l'odeur de l'encens, le murmure grave de la psalmodie, tout donnait à ces fiançailles d'une pauvre bergère avec le Roi des rois un caractère de solennité qui pénétrait tous les cœurs. Les hymnes saints avaient cessé. La foule s'était retirée, recueillie et silencieuse, que les saints missionnaires, Geneviève et ses parents demeuraient encore au pied des autels. Ils se lèvent enfin; Germain veut que l'épouse du Seigneur partage le frugal repas qu'il va prendre; puis, après l'avoir

de nouveau bénie, il recommande à Sévère de la
lui amener le lendemain à la pointe du jour, et va
prendre le repos que ses fatigues rendaient si
nécessaire.

Le soleil n'avait pas encore paru à l'horizon,
que déjà Sévère et Géronce conduisaient leur fille
près du saint évêque d'Auxerre. Le pontife remar-
qua sur son visage un éclat céleste et divin qui lui
causa une joie toute sainte ; il sourit, et la faisant
approcher.

— Que Dieu vous garde, Geneviève, lui dit-il.
Vous souvenez-vous, ma fille, de ce que vous me
promîtes hier ?

— Oui, il me souvient, saint père, répondit la
jeune vierge, de ce que je vous ai promis, et à Dieu
par votre ministère. Je désire, avec la grâce de
mon Dieu, conserver jusqu'à la fin de ma vie la
chasteté de mon âme et l'intégrité de mon corps.

Le serviteur de Dieu leva les yeux vers le ciel
pour offrir un tribut muet d'actions de grâces au
Père des miséricordes, et, les ayant reportés vers
la terre, il vit à ses pieds une médaille d'airain
portant l'empreinte d'une croix ; il la prit, et la
donnant à Geneviève :

— Portez toujours, ma fille, lui dit-il, cette
médaille et cette croix à votre cou, en mémoire de
l'Époux céleste. Ne permettez jamais que votre
corps soit paré d'aucune étoffe précieuse ; ne souf-
frez autour de votre cou et de vos doigts ni perles,
ni or, ni argent, ni aucun autre métal ; car s'il
arrivait que le moindre ornement du siècle et de

la terre corrompît la beauté de votre âme, vous perdriez les ornements célestes de la gloire qui vous sont préparés pour une éternité.

Le saint évêque, confiant à Sévère le précieux trésor qu'il avait acquis au Seigneur, lui recommanda de veiller avec soin sur Geneviève, et, après l'avoir priée de se souvenir de lui devant Dieu, il reprit avec saint Loup le chemin de la Grande-Bretagne.

III.

Depuis le beau jour de sa consécration, Geneviève n'eut plus rien de l'enfance ; suppléant par la ferveur à la faiblesse de l'âge, son âme inondée de la grâce, son intelligence éclairée par la lumière céleste, prévinrent les années, et jeune, bien jeune encore, sa vertu brilla d'un éclat tout divin : on devinait en elle la bien-aimée du Dieu de l'innocence, et un événement inattendu la fit regarder bientôt, par les habitants du lieu qui l'avaient vue naître, comme la dispensatrice de ses bienfaits.

Geneviève ne se trouvait jamais plus heureuse que les jours où il lui était donné de visiter le temple du Seigneur. Son cœur aimait à unir ses vœux aux prières communes de l'Église, à entendre la parole de Dieu, à répéter les chants sacrés qui célébraient la gloire du Très-Haut. C'était là que la pieuse vierge sentait mieux les délices de la présence de Dieu, et les habitants de son hameau trouvaient aussi qu'ils priaient mieux quand Geneviève offrait à leur piété le touchant exemple de sa ferveur.

Un jour de fête solennelle, Géronce, se rendant à l'église, ne voulut pas permettre à sa fille de l'y accompagner. Geneviève la suppliait en vain de lui accorder cette grâce.

— Je garderai, Dieu aidant, s'écriait la jeune fille d'un ton qui faisait connaître la douleur de son âme, je garderai à Jésus-Christ la foi que je lui ai promise par l'entremise du bienheureux Germain; j'irai souvent assister aux offices de l'Église, pour mériter d'être son épouse, comme ce saint confesseur me l'a fait espérer de sa part.

A ces plaintes dont l'accent était pourtant si doux, Géronce ne répondit que par un transport de colère, et, dans l'excès de cette passion, elle donna un soufflet à Geneviève. Dieu vengea sur-le-champ son humble servante : au moment même Géronce perdit la vue.

Pendant vingt et un mois que dura cette affliction, qui pourrait dire le chagrin dont le cœur de Geneviève était rempli? Ses larmes coulaient en abondance dès que ses yeux se fixaient sur les yeux fermés de sa mère; elle lui prêtait l'appui de son bras pour la conduire où elle voulait aller, et cherchait à rendre moins amère la peine de cette mère chérie en redoublant pour elle et de soins et d'amour.

Géronce ne pouvait voir les attentions continuelles dont l'entourait la tendresse de sa fille, mais elle entendait le son ému de sa voix, les sanglots qui souvent s'échappaient de sa poitrine, ses ferventes prières au Seigneur; elle se souvint alors du témoignage que le saint évêque d'Auxerre avait rendu de Geneviève, et, l'appelant près d'elle, elle le pria d'aller tirer de l'eau au puits et de la lui apporter. Geneviève obéit; mais la pensée que sa mère avait perdu la vue à cause d'elle accabla son cœur d'un poids si lourd, qu'elle s'appuya sur le bord du puits pour se soulager par des larmes. Enfin, essuyant ses pleurs, elle courut porter à Géronce l'eau qu'elle avait puisée, et sur laquelle elle avait fait le signe de la croix. Pleine de foi et de confiance, la pauvre femme se lava les yeux par trois fois avec cette eau bénite des mains de la jeune vierge, et aussitôt le voile qui les couvrait disparut pour toujours.

La vertu communiquée à cette eau par la bénédiction et les larmes de sainte Geneviève ne fut pas efficace pour Géronce seule. Une pieuse tradition dit l'eau de ce puits souveraine pour la guérison de tous les maux de la vue. Aussi, quand la foi plus vive donnait aux chrétiens la pensée de recourir à Dieu dans leurs misères, on voyait une foule de personnes se presser autour de la nouvelle piscine; elles mouillaient avec respect leurs paupières de cette eau miraculeuse; elles en emportaient dans leurs maisons, et, le succès couronnant leur pieuse attente, elles rendaient grâce de leur guérison à l'humble bergère de Nanterre. De nos jours encore, malgré les ravages de l'impiété, cette dévotion n'est pas éteinte, et souvent encore le puits de sainte Geneviève est visité par des âmes pures et simples dans leur foi, qui demandent à son eau salutaire une guérison que les secours de l'art ne peuvent leur procurer.

Les jours de Geneviève coulaient purs et sereins, partagés entre le soin de sa sanctification et les devoirs ordinaires de la vie. Fille tendre et soumise, elle avait pour ses parents un vif et respectueux amour, et les déchargeait de tous les soins domestiques qu'elle pouvait prendre sur elle. Ce n'était plus Géronce qui conduisait aux champs le docile troupeau. Geneviève devançait l'aurore, et, suivie d'un chien fidèle, menait ses moutons dans les prés avoisinant sa demeure. C'était surtout au sommet d'une montagne peu éloignée de Nanterre qu'elle aimait à diriger ses pas ; de là, ses regards, errant sur les beautés de la nature, voyaient cette Lutèce dont plus tard elle devait être la patronne, l'ange tutélaire ; loin d'envier le sort de ceux que renfermaient ces murs, elle priait pour eux ; car elle savait que les habitants des villes se plaisent dans les joies du monde, et que les joies du monde donnent la mort à l'âme !

Sur cette montagne où Geneviève porta si souvent ses pas, la religion de Jésus-Christ reçut, quelques siècles après, un éclatant hommage. De pieux ermites y fixèrent leur séjour. La croix y fut plantée, et les rois et les peuples vinrent s'y humilier devant elle. On montrait alors aux pieux pèlerins une prairie appelée le pré de Sainte-Geneviève. Les années ont passé; les royaumes bouleversés ont vu des générations de rois descendre dans la tombe ou fuir sur une terre étrangère; l'impie a battu des mains à la pensée de ses prétendus triomphes sur la foi, et pourtant encore aujourd'hui on regarde avec respect ce petit coin de terre que les pas d'une pauvre fille ont consacré. Le paysan se découvre en passant sous les murs élevés à l'entour, et si quelqu'un, étonné de cette marque de vénération, lui demande pourquoi il salue ces murailles, il répond avec naïveté :

-- C'est qu'elles renferment la prairie de notre bonne sainte Geneviève.

Vers le milieu de cette montagne, à droite en venant de Nanterre, on voyait une petite source; vis-à-vis, sur la gauche, cinq ou six peupliers couvrent de leur ombrage de petits tertres de gazon. C'est là, dit encore la tradition du lieu où naquit Geneviève, que la sainte bergère cherchait un abri contre la chaleur des jours d'été. A cette fontaine, elle se désaltérait et puisait de l'eau pour abreuver dans sa main le petit agneau qui suivait sa mère. Aussi la petite cavité sous laquelle coulait cette eau avait reçu le nom de fontaine de Sainte-Geneviève. On lui attribuait la même vertu qu'à l'eau du puits qui avait rendu la vue à Géronce, et la piété venait souvent y chercher quelque soulagement à ses douleurs physiques. Une femme célèbre voulut recourir à cette eau miraculeuse. La marquise Du Châtelet, après que les philosophes du siècle dernier, dont elle se montrait ouvertement la protectrice, avaient quitté ses salons brillants où l'impiété blasphémait tout ce qu'il y a de plus saint, venait dans le secret de la nuit chercher à la fontaine de prodige la guérison d'une ophthalmie dont elle souffrait horriblement.

La place où coulait cette eau salutaire est là encore ; on dit en la montrant : C'était la source de sainte Geneviève ; mais l'onde si claire et si pure ne rafraîchit plus les terres qui l'entourent. On a voulu détourner les eaux de cette fontaine pour les faire descendre à Nanterre, et les plus savants calculs de la spéculation ont été vains : l'eau, perdue dans le sein de la terre, comme si le ciel eût voulu punir la profanation de cette fontaine révérée, n'a pu être retrouvée, malgré les soins et les peines que se sont donnés les entrepreneurs pour la découvrir de nouveau.

Ainsi les lieux où Geneviève vit s'écouler les années de sa jeunesse sont pleins encore de son souvenir. Faut-il s'en étonner ? Elle y passa en faisant le bien. Si quelque douleur venait fondre sur la chaumière d'un habitant de son hameau, comme un ange consolateur elle se hâtait d'y porter ses pas, et la douleur cédait la place à l'espérance, à la résignation. Un malade avait-il besoin de secours, Geneviève veillait près de son lit de souffrances et les lui rendait douces et supportables par l'onction de ses discours et le charme de ses soins affectueux. Si l'heure était venue où la mort devait frapper sa victime, encore et toujours Geneviève était là. Elle soutenait l'âme de l'agonisant dans ses derniers combats, et lui montrait sa place au ciel. Puis, quand le corps n'était plus qu'un froid cadavre, ses mains aidaient à le couvrir de son linceul, et, veillant près de lui, elle offrait au Seigneur le tribut d'une fervente prière, à sa famille désolée celui des plus touchantes consolations.

Les querelles de voisinage, les inimitiés entre parents, tout cédait à la douce influence de sa médiation; sa douce gaîté charmait les compagnes de son enfance, et sa complaisance à se mêler aux délassements innocents qu'elles aimaient à prendre, l'étude continuelle qu'elle faisait de leurs goûts pour y sacrifier les siens, la leur rendaient chère comme une sœur bien-aimée. Sans vouloir leur donner des leçons, son exemple était pour elles comme une règle de la perfection la plus sublime, et si leurs parents les trouvaient plus pieuses dans le temple du Seigneur, plus attentives, plus fidèles dans l'accomplissement de leurs devoirs, plus simples dans leur parure, ils l'avouaient hautement, ils devaient ce bonheur à la douce bergère qui, par le charme de ses exemples, portait leurs filles à l'imiter.

C'était par la pratique de ces vertus cachées, de ces sacrifices auxquels chaque jour elle condamnait la nature, que Geneviève se disposait à l'acte solennel qui devait la séparer du monde par une renonciation éclatante; vertus humbles, modestes, dont l'éclat ne frappait pas les regards des hommes, mais que Dieu et les anges voyaient avec complaisance, et que la gloire du ciel récompense aujourd'hui; vertus faciles, car tout devient aisé avec le secours de la grâce; que nous pouvons imiter à tout moment, car il y a toujours des affligés à consoler, des malades à secourir. Toujours on peut chercher à verser le baume de la charité sur les blessures que fait la discorde. On peut faire abnégation de ses goûts, de sa volonté, pour éviter au prochain un léger mouvement d'humeur ou pour lui procurer un plus doux plaisir. Ainsi faisait Geneviève. Imitons-la dans ses œuvres, petites aux yeux du monde, mais grandes devant Dieu, qui les inscrit au livre des éternelles gloires. Une douce paix, un contentement délicieux rempliront nos cœurs et seront le gage heureux de la magnifique récompense qui sera leur prix dans les siècles sans fin.

IV.

Dans les premiers siècles de l'Église, un grand nombre de jeunes personnes du sexe vouaient à Dieu leur virginité. Par suite de cet engagement sacré, elles étaient obligées de vivre dans une grande retraite et de partager leur temps de manière à en donner la plus grande partie à la prière et le reste au travail. Le silence, la fuite de tout plaisir, même des plus innocents, la mortification, les veilles étaient les gardiens de leur vertu; et dans la crainte que l'amour du luxe n'amollît leur cœur, il leur était défendu de porter aucune des vaines parures du siècle.

Ces pieuses épouses de Jésus-Christ vivaient ordinairement chez leurs parents, ou se réunissaient quelques-unes ensemble pour vaquer aux exercices de la piété. Elles ne sortaient que pour se rendre à l'église, où leurs places étaient marquées, séparées du reste des femmes et plus près du sanctuaire.

La cérémonie de leur consécration était publique et solennelle. Le temple était paré comme aux jours de fêtes, et la fiancée du Seigneur revêtait aussi ses habits les plus beaux. Conduite par ses parents aux pieds du prélat qui gouvernait le lieu de sa résidence, elle écoutait avec recueillement l'exhortation qu'il lui faisait, elle apprenait de lui les devoirs de l'état qu'elle allait embrasser, et jurait d'y demeurer fidèle. Alors l'évêque bénissait un long voile de lin, il le plaçait sur le front de la vierge en prononçant quelques oraisons, et l'épouse de Jésus-Christ retournait en sa demeure pour y pratiquer une perfection plus sublime et des vertus plus rares.

Geneviève approchait de sa quinzième année : c'était l'âge marqué pour la consécration publique des vierges du Seigneur. L'aurore du beau jour qui devait être témoin de la sienne la trouva en prière dans son humble réduit. Elle épanchait son cœur devant son bien-aimé, et de douces larmes coulaient de ses yeux sur le carreau où elle se tenait prosternée. L'heure de la pieuse cérémonie est venue : Sévère et Géronce appellent leur fille; elle vient, se jette à leurs pieds en leur demandant leur bénédiction; puis, après l'avoir reçue, elle se lève et salue en souriant ses jeunes compagnes qui sont venues pour lui former un cortége et s'édifier par le spectacle de sa piété et de sa modestie. Elle marche ; son père est à sa droite et Géronce à sa gauche ; ses compagnes l'entourent et la suivent. Déjà les maisons isolées du bourg sont loin derrière la pieuse troupe, et l'église se montre aux regards derrière la haie qui borde le sentier qu'il faut suivre pour arriver ; car, autant que possible, dans ces siècles reculés, on séparait le temple du Seigneur de tous les bâtiments profanes ; il était éloigné du bruit et de toute cause de dissipation.

Bientôt on atteint le premier vestibule, on entre dans la cour carrée, et des galeries qui l'entourent s'échappent les bénédictions des pauvres qui se tenaient ordinairement là pour implorer la charité des fidèles et qui avaient reçu en ce jour des aumônes abondantes des mains de l'évêque de Paris. Les pieux fidèles lavent leurs mains à la fontaine destinée à cet usage et s'avancent vers l'église avec un saint recueillement.

Geneviève s'arrête près d'un bâtiment de forme ronde, c'est le baptistère. Au fond est l'endroit sacré où sont contenues les eaux régénératrices. Deux planches supportent les vases d'argent en forme d'agneaux où sont renfermées les saintes huiles. A l'entrée, près d'une statue de saint Jean-Baptiste, sont deux jeunes filles qui, comme Geneviève, vont se consacrer au Seigneur par un irrévocable serment. La fille de Géronce les salue avec bienveillance, elles se donnent le baiser de paix ; et comme Geneviève est la plus jeune de toutes, elle marche la dernière et suit ses deux compagnes vers l'autel où doit se consommer leur sacrifice.

Déjà les élèves du sanctuaire avaient, selon l'usage du temps, fait placer les fidèles dans les bancs qu'ils devaient occuper, et l'on achevait de chanter l'*Introït*, quand les fiancées du Roi des rois arrivèrent à la place préparée pour elles, près de la balustrade qui séparait la nef du chœur. L'évêque prononça la *collecte* et fut s'asseoir dans son trône. Les prêtres se placèrent autour de lui, et le lecteur, montant à l'*ambon*, fit une lecture dont les pauses étaient marquées par des *alleluia* que le peuple répétait en chœur. Après la lecture de l'*Évangile*, l'évêque rompit à l'assemblée le pain de la parole de Dieu, puis, les catéchumènes et tous ceux qui ne pouvaient assister aux mystères sacrés ayant été congédiés, le saint sacrifice commença.

Plus le moment approchait où Geneviève allait se donner pour jamais au Dieu que son cœur avait choisi, plus sa ferveur et sa piété redoublaient. Enfin la célébration des mystères divins est achevée. On vient chercher les vierges, elles sont au pied du sanctuaire; les deux compagnes de Geneviève sont placées les premières, et notre sainte a choisi la dernière place; mais éclairé par une lumière surnaturelle, Félix — on croit du moins que c'était lui qui occupait alors le siége épiscopal de Paris — Félix a reconnu dans la plus jeune des vierges celle que le Seigneur a dès longtemps choisie et prédestinée; il la met au premier rang, et c'est sur son front qu'il place le premier voile qu'il a bénit.

Les regards de tous les assistants sont fixés sur les épouses du Seigneur, mais Geneviève surtout captive l'attention générale. On remarque en elle une modestie, un recueillement qui n'étonnent point, mais qui enchantent; et chacun, pour plaire davantage à Dieu, voudrait avoir les sentiments dont on suppose son cœur pénétré.

La sainte cérémonie est terminée. Les chants sacrés ont cessé, l'odoriférante fumée de l'encens se perd sous les galeries qui bordent la nef et se confond avec les chapiteaux des colonnes qui la soutiennent. Le prélat est remonté au pied de l'autel, sa voix seule trouble le silence du temple; il appelle les bénédictions du Très-Haut sur le peuple prosterné, et sa main étendue répand les grâces du ciel sur les habitants du hameau.

Geneviève et ses compagnes se lèvent alors et retournent dans le sein de leur famille pour y porter la bonne odeur de Jésus-Christ.

V.

Les grâces dont le Seigneur avait enrichi sa
jeune servante, en pénétrant son âme de la reconnaissance la plus vive, n'enflèrent point son cœur
de vanité. Elle fut toujours la douce, la simple,
l'aimable Geneviève. Ses parents trouvèrent toujours en elle une fille respectueuse, tendre et soumise; ses jeunes compagnes, une amie complai-
sante, bonne, et dont la société pleine de charmes
était pour elles l'école de toutes les vertus. Les
affligés, les pauvres, les malades, furent comme
auparavant ses amis les plus chers; et s'ils trouvaient quelque changement en elle, c'est que ses
soins étaient plus tendres, ses paroles plus douces
encore, et que sa charité, déjà si grande, semblait
avoir pris un nouvel accroissement.

Tel est l'effet de la piété dans un cœur qui sait

la comprendre. Les grâces qu'il reçoit, il se plaît
à les répandre, et pour faire aimer son divin
bienfaiteur, l'âme pieuse se fait son image sur la
terre; elle charme, elle entraîne par ses aimables
vertus, et les cœurs qu'elle a su gagner, elle sait
bientôt les contraindre à se donner tout au Seigneur.

Geneviève savait les obligations de l'état saint
auquel Dieu l'avait appelée. Elle n'ignorait pas
que la mortification est la plus sûre gardienne de
la chasteté, et dès lors elle se voua à ses plus aus-
tères pratiques. Sa vie était comme un jeûne
continuel, car elle ne mangeait que deux fois la
semaine, le dimanche et le jeudi; encore prenait-
elle pour toute nourriture un peu de pain d'orge
et des fèves cuites. Elle ne but ni vin ni aucune
liqueur qui pût enivrer, et ce ne fut qu'à l'âge de
cinquante ans que, pour obéir aux évêques qui
exigeaient qu'elle adoucît un peu ce régime si
pénible, elle fit, par leur conseil, usage de lait et
de poisson.

Les saints doivent suivre, pour arriver au ciel,
la même route que le divin Maître a parcourue
lui-même. Le cœur, l'esprit, le corps, tout en
eux doit être purifié par les souffrances, et ce ca-
lice, devenu précieux depuis que Jésus-Christ a
daigné y boire, Geneviève aussi devait l'épuiser.

La première tribulation qui vint fondre sur elle
fut la mort de ses parents. Geneviève les aimait
avec tendresse, ils étaient pour elle la vivante
image de Dieu; c'était à lui qu'en eux elle pensait

obéir; s'ils paraissaient contents de ses efforts, elle croyait avoir été agréable au Seigneur, et jamais elle ne leur avait causé le chagrin d'entendre s'échapper de sa bouche un murmure, ni de voir sur son front un léger nuage d'humeur. Elle savait que le Seigneur avait dit : « Tes père et mère honoreras, » et bien différente de tant d'enfants qui violent presque sans remords, sans y songer même, ce commandement auguste, Geneviève, pour l'accomplir, craignait toujours de n'en pas faire assez.

Aussi de quels soins, de quel amour elle dut les entourer dans leur dernière maladie ! Que de veilles ! que de larmes ! que de prières ! Mais tout fut inutile, l'heure était venue où ils devaient quitter la terre, et Geneviève ne pouvait plus leur procurer que le bonheur d'une sainte mort. Elle les perdit enfin, et sa douleur fut bien amère ; pourtant une grande consolation lui restait. Quand la mort prive un enfant des auteurs de ses jours, dans la solitude qui l'environne il repasse les années où il les possédait ; les remords s'éveillent dans son cœur; il se rappelle ces désobéissances, ces paroles dures, ces murmures qui lui échappaient à chaque moment, et sans parler de ces cœurs dénaturés qui foulent à la fois aux pieds les préceptes de la religion et les droits sacrés de la nature, combien de personnes, pieuses d'ailleurs, devant la croix qui s'élève sur le tombeau de leurs parents, gémissent sur la violation du précepte saint qui renferme des devoirs dont trop souvent elles ont méconnu la grandeur ! Pour Geneviève, nulle amertume de ce genre ne vint se joindre à ses regrets, et l'espérance de rejoindre un jour au ciel ceux qu'elle avait aimés sur la terre, rendait ses pleurs plus doux et son chagrin moins amer. Résignée à la volonté de Dieu, elle l'adorait avec amour, et trouvait dans cette résignation pieuse le seul remède aux blessures que ces pertes avaient faites à son cœur.

Dieu, qui avait privé Geneviève de sa mère selon la nature, lui en fit trouver une dans celle qui déjà l'était selon la grâce. Une dame qui l'avait tenue sur les fonts du baptême, apprenant l'isolement où était la jeune vierge, lui offrit près d'elle un asile et les consolations de l'amitié.

Geneviève accepta avec reconnaissance, mais elle ne changea rien à sa manière de vivre, et la retraite, la prière, la mortification firent ses délices chez sa marraine, comme dans l'humble chaumière où elle avait pratiqué cette vie sublime, quoique simple, qu'elle continua jusqu'à sa mort, et qui lui mérita les honneurs qu'on lui rend encore aujourd'hui.

Une maladie cruelle vint alors frapper l'épouse de Jésus-Christ et faire de son corps une victime agréable au Seigneur. Une paralysie universelle la priva de l'usage de ses membres ; il semblait qu'il s'était fait une dissolution générale de toutes les parties de son corps, et on la regarda comme morte pendant trois jours, sans qu'il parût en elle aucun signe de vie, si ce n'est une petite rougeur qui se montrait sur ses joues. Sa douceur inaltérable et son angélique patience durant les longues souffrances qui avaient précédé cet état d'anéantissement, l'avaient rendue chère à toutes les personnes qui s'en étaient trouvées les témoins, et leur joie fut grande lorsqu'elles virent la servante de Dieu revenir à la vie et à la santé. Geneviève avait coutume de dire, en parlant de ces jours si tristes pour ceux qui l'aimaient, qu'un ange l'avait portée alors en esprit dans le lieu du repos des justes, et qu'elle y avait vu les magnifiques récompenses préparées par Dieu à ceux qui l'aiment. Une joie pure et douce brillait sur son front en racontant cette faveur, et il semblait que les chastes délices qu'elle avait goûtées au ciel coulaient encore dans son âme.

Ainsi, pour les saints, les maux de la vie sont un nouveau sujet de pratiquer la vertu. Geneviève avait supporté sans murmurer la perte de ceux qu'elle aimait le plus, et son cœur s'était incliné sous la main divine qui le frappait. La maladie vient affliger son corps; d'inouïes et cruelles souffrances le réduisent à un état voisin de la mort, elle se tait, elle adore, elle prie! Modèle admirable que chaque jour nous pouvons imiter avec le secours de la grâce. Vertus humbles, cachées, mais qui brilleront au jour de la manifestation de tout l'éclat que Dieu versera sur ses saints.

VI.

Notre sainte, par la pratique continuelle des actes d'une perfection sublime, par une oraison incessante, une vigilance de tous les instants sur les moindres mouvements de la nature, afin de la combattre et de la vaincre par une abnégation entière d'elle-même à la volonté de Dieu, mérita d'en recevoir les grâces les plus abondantes et les faveurs les plus signalées.

Sainte Geneviève était toujours unie à Dieu, et dans les communications plus intimes qu'elle avait avec lui par la prière, il se manifestait à son âme d'une manière si intime, qu'elle versait un torrent de ces douces larmes qui donnent au cœur un avant-goût des ineffables délices du ciel. Dieu lui avait aussi donné de pénétrer dans les replis des consciences, et l'historien de sa vie en rapporte la preuve suivante.

Une femme qui résidait ordinairement à Bourges, ayant fait un voyage à Paris, eut occasion de voir sainte Geneviève. Cette femme avait autrefois fait vœu de virginité, mais elle avait eu le malheur de manquer au saint engagement pris par elle envers le Seigneur. Personne ne savait ce crime, et celle qui l'avait commis continuait à jouir de la réputation de sainteté attachée à l'état de vierge. Notre sainte l'interrogea sur ce qu'elle était ; elle lui répondit qu'elle servait Notre-Seigneur dans la virginité. Geneviève alors, lisant dans la conscience de cette malheureuse, lui reprocha sa faute, et lui donna tous les détails du temps, du lieu où elle l'avait commise. Déchirée par la honte et le remords, la coupable se jeta aux pieds de la sainte qui venait de lui dévoiler ce qu'elle cachait avec tant de soin dans son cœur, et lui promit de faire pénitence de son péché.

Ces grâces dont Dieu comblait son humble servante ne manquèrent pas de donner l'éveil aux passions haineuses des ennemis de la vertu. On décria d'abord sa vie mortifiée et solitaire, on traita ses révélations de visions puériles enfantées par une imagination en délire. Sa piété si tendre et si sincère reçut le nom d'hypocrisie ; on attribua ses miracles à la puissance des sortiléges. Enfin la calomnie sut si bien prendre ses mesures, que l'admiration et le respect dont tout le peuple était pénétré pour la sainte épouse de Jésus-Christ se changèrent bientôt en mépris et en haine.

L'orage grondait ainsi sur l'humble bergère, lorsque Dieu permit que saint Germain, retournant pour la seconde fois dans la Grande-Bretagne, s'arrêtât à Paris. Le peuple, qui avait pour le saint évêque une profonde vénération, instruit de son arrivée, fut au-devant de lui hors les murs de la ville. Son premier soin fut de demander des nouvelles de la pieuse vierge que ses mains avaient vouée au Seigneur, et on se hâta de lui répondre *qu'elle était loin d'être aussi bonne et aussi sainte qu'il le pensait.*

Le saint prélat reconnut aussitôt, dans les calomnies dont on chargeait Geneviève, l'œuvre de l'enfer et la malice des envieux. Il ne répondit point ; mais étant entré dans la ville, il dirigea ses pas vers le lieu où demeurait la victime de tant de noirceur, et la salua avec toutes les marques d'un profond respect ; puis ayant fait sa prière, il fit voir à ceux qui l'avaient suivi dans la chambre de Geneviève la terre humide des larmes qu'elle versait dans la prière, et leur fit remarquer l'extrême pauvreté de ce séjour qu'on s'était plu à représenter comme le temple de la mollesse. Il les entretint ensuite de tout ce qui était arrivé à Nanterre lors de son premier voyage.

— Dès son enfance, leur dit-il, elle était choisie par le Seigneur, et ce fut sa divine lumière qui me manifesta les trésors de grâce et d'innocence dont son jeune cœur était enrichi. Je déclarai alors à tout le peuple assemblé quels étaient les desseins de Dieu sur cette âme si pure ; je ne craignis point, malgré son extrême jeunesse, de la consacrer à Jésus-Christ, sûr qu'elle ne démentirait jamais ni par ses paroles ni par ses œuvres le vœu qu'elle formait en ce moment. Depuis, ses vertus n'ont fait que prendre un accroissement nouveau ; sa fidélité à une grâce première a fixé sur elle les regards du Très-Haut ; il l'a comblée de ces faveurs dont il inonde les âmes qui lui sont chères ; et des hommes de mensonge osent chercher à ternir de leur souffle impur la réputation de celle que Dieu lui-même a aimée, prédestinée, sanctifiée, dès l'aurore de sa vie ! Qu'ils tremblent à la pensée d'un pareil crime, et qu'ils se hâtent de le réparer en confessant la noirceur de leur malice et en proclamant hautement qu'ils se sont faits les instruments de la rage et de la haine que l'enfer a vouées à la sainte épouse de Jésus-Christ.

Les traits du prélat rayonnaient d'un éclat surnaturel ; avec son aube de laine blanche, il semblait un ange d'innocence chargé par Dieu même de manifester celle de la pieuse fille que la calomnie avait choisie pour victime. Ses regards semblaient les éclairs de la colère du Seigneur, sa voix avait quelque chose de divin, et son silence même était terrible.

Quelques âmes pieuses, mais timides, qui n'osaient rendre témoignage aux vertus de Gene-

viève tant que personne ne prenait sa défense,
élevèrent alors la voix en sa faveur et se joignirent
au saint évêque pour la proclamer innocente ; un
murmure d'admiration s'éleva bientôt de toutes
parts, et les ennemis de l'humble vierge furent
réduits au silence.

Saint Germain ne s'en tint pas là. Comme les voyageurs, en ces temps reculés, ne trouvaient sur les
routes aucune des ressources qui s'y rencontrent
de nos jours pour les besoins de la vie, ils avaient
recours à la charité des chrétiens pour en obtenir
un asile et la nourriture. Les évêques, les prêtres
demandaient l'hospitalité aux pasteurs des lieux
où ils passaient, et l'homme de Dieu chargé de
distribuer aux pauvres habitants d'un petit hameau
les secours de la religion s'estimait heureux lorsqu'il lui était donné de laver les pieds d'un prince
de l'Église, de le voir s'asseoir à sa table pour partager avec lui le frugal repas qu'il tâchait de
rendre meilleur ; et lorsqu'au moment du départ,
le troupeau qu'il gardait, rassemblé par ses soins,
recevait du prélat voyageur quelques touchantes
paroles et sa bénédiction, des larmes de joie
mouillaient les paupières du pasteur hospitalier.
L'évêque d'Auxerre, par suite de cette coutume,
fut reçu comme hôte chez l'évêque de Paris. Là
encore il parla de Geneviève ; il fit l'éloge de ses
vertus, et déploya un saint zèle pour faire briller
son innocence. Quelques ecclésiastiques, qui
s'étaient laissé persuader par les ennemis de la
pieuse vierge, reconnurent leur erreur. La véné-

ration dont le clergé et le peuple étaient pénétrés pour le saint prélat ne permettait point de récuser son témoignage. Une justice éclatante fut donc rendue à l'épouse de Jésus-Christ, et ses détracteurs ne recueillirent que la honte pour prix de leurs sacriléges efforts.

Geneviève rendit sans doute de ferventes actions de grâces au Dieu bon qui avait pris sa défense par l'organe de son serviteur, mais son âme pourtant n'avait point été ébranlée par la tempête furieuse qui s'était élevée autour d'elle. La mort la menaçait, si les accusations portées contre elle n'eussent été anéanties par les soins du saint évêque d'Auxerre; elle le savait, et, sans rien perdre de son calme céleste, sans faire une seule démarche pour se justifier, elle se contentait de gémir en la présence du Seigneur. Ses vœux les plus ardents étaient pour ses persécuteurs, et la pensée du mal dont ils se rendaient coupables lui causait plus de douleur que leurs infâmes calomnies.

Exemple touchant de la conduite que doit tenir un chrétien quand il est sous le poids si pénible de fausses et calomnieuses accusations! Le silence, la prière, la charité, telles doivent être ses armes de défense; et pourtant, qu'il est ordinaire de repousser accusation par accusation, injure par injure! quels sentiments d'aigreur, quelquefois même, hélas! de haine, s'élèvent dans notre cœur, contre ceux qui ont attaqué notre réputation, idole chérie à laquelle nous immolons sans remords la douce et la divine charité ! Oh ! que Geneviève avait bien mieux compris les leçons de l'adorable maître qui l'avait instruite à son école ! qu'elle savait parfaitement les mettre en pratique ! Aussi lui-même prend soin de la justifier ; il écarte de sa main divine les nuages qui voilaient l'éclat de ses vertus, et bientôt elle paraît plus radieuse et plus belle. Efforçons-nous d'imiter un modèle si parfait. Pensons, comme la sainte épouse de Jésus-Christ, que c'est la main de Dieu qui nous frappe lorsque nos ennemis lancent contre nous les traits de leur malignité, courbons la tête et adorons sa volonté sainte. Puis, dignes disciples de ce Sauveur plein de bonté qui pardonna en mourant aux bourreaux qui lui ôtaient la vie, à son exemple, conjurons le Père des miséricordes de donner à nos détracteurs, dans la plénitude de son amour, un pardon généreux et la grâce du repentir.

VII.

Le calme que saint Germain avait procuré à la sainte bergère ne fut pas de longue durée. La haine, qui ne dort jamais, se réveilla plus furieuse, et dans sa rage menaça de nouveau la servante de Jésus-Christ. Voici quelle fut l'occasion de cette persécution nouvelle.

Un homme qui par instinct s'était nommé lui-même le fléau de Dieu, venait de pénétrer dans les Gaules à la tête d'une puissante armée, et la nouvelle de ce malheur jeta bientôt l'effroi dans le cœur des habitants de Paris. Nommer Attila, c'était signaler tous les maux que traînent à leur suite un courage barbare et une insatiable ambition, et cette parole : Le roi des Huns ravage les Gaules, en retentissant dans les murs de Lutèce, y sème la désolation. Frappés de terreur, les Parisiens croient les murs de leur cité impuissants pour les protéger et veulent mettre leurs richesses et leurs vies à l'abri dans des villes plus capables de résister aux barbares.

Geneviève, éclairée par l'esprit de Dieu, se hâte de rassembler les dames de la ville, et les exhorte à se réunir pour désarmer la colère du Seigneur par les veilles, le jeûne et la prière ; elle leur rappelle qu'Esther et Judith, par de pareils moyens, étaient devenues les libératrices de leurs peuples prêts à périr, et leur promet que Dieu se laissera fléchir à la voix de leurs larmes. Remplies de confiance en la pieuse vierge, elles suivent son conseil et se renferment dans le baptistère (1) pour offrir au Très-Haut leurs humbles supplications.

Sainte Geneviève cherche aussi à persuader aux hommes que leur projet est insensé. Elle les assure que Jésus-Christ couvre Lutèce du bouclier de sa protection, et que les villes où ils veulent mettre en sûreté leurs personnes et leurs biens seront livrées au pillage des hordes ennemies, tandis que Paris sera préservé de tout malheur.

Loin d'écouter ces salutaires conseils, les Parisiens se soulèvent contre celle qui veut les sauver. L'enfer a soufflé dans leur cœur la haine qu'il a vouée à Geneviève. Des clameurs impies s'élèvent

----

(1) Il était situé dans l'ancienne église appelée depuis Saint-Jean-le-Rond, près Notre-Dame, et qui servait elle-même de baptistère à la cathédrale.

de toutes parts. Ces hommes insensés traitent de
fausse prophétesse l'inspirée du Seigneur, ils tra-
ment contre elle de sanguinaires complots, et,
poussés par une rage aveugle et sacrilége, ils ou-
blient un moment le soin de leur prétendue sûreté,
pour délibérer entre eux s'ils doivent faire périr
Geneviève sous une grêle de pierres, ou traîner son
corps à la Seine pour la noyer dans ses flots.

Dieu puissant, qui ne laissez pas le faible sans appui, avez-vous donc oublié votre servante? Le péril
est imminent, elle n'a rien à opposer à la fureur de
ses ennemis, rien que son innocence et ses larmes!
Mais Dieu s'éveille, et l'heure qui devait marquer le
supplice de Geneviève sera celle de son triomphe.

L'archidiacre de saint Germain d'Auxerre arrive
à Paris, et on lui apprend à la fois le conseil qu'avait
donné Geneviève et la résolution où étaient les
habitants de Paris. Il frémit à la pensée du danger
que courait cette sainte fille, et s'adressant à ses
ennemis :

— Donnez-vous bien garde, leur dit-il, de com-
mettre une si horrible action : celle que vous
voulez punir comme une criminelle a été élue de
Dieu dès le sein de sa mère, comme nous l'avons
souvent entendu dire à Germain, notre bienheureux
évêque, et voici des eulogies (1) que je lui apporte
de sa part.

---

(1) Les eulogies étaient des présents de choses bénites qu'on
s'envoyait en signe d'union et d'amitié. Le pain bénit qui se dis-
tribue tous les dimanches a succédé à cette pieuse institution.

A peine l'archidiacre du saint évêque avait achevé de parler, que cette multitude qui tout à l'heure demandait à grands cris la mort de Geneviève, passant tout à coup des transports de la haine à ceux de l'admiration, célèbre à haute voix les louanges de l'humble vierge. Les Parisiens se souviennent alors de la vénération qu'ils avaient pour le pieux évêque d'Auxerre, ils se rappellent de quelle manière il avait prouvé une fois déjà l'innocence de Geneviève; ils voient que, même avant de mourir, le saint prélat avait voulu donner à celle qu'il avait consacrée au Seigneur un gage sacré de son affection paternelle, et, tournant leur indignation contre eux-mêmes, ils condamnent à la fois leurs soupçons injurieux et leur criminel dessein.

Ainsi la providence de Dieu veillait avec soin sur sa fidèle servante. Pour Geneviève, tandis que ses ennemis délibéraient sur le genre de mort qu'ils lui feraient subir, elle priait le Dieu tout-puissant de conserver leur vie. Prosternée entre le vestibule et l'autel, elle conjurait le Seigneur de se lever, afin que les ennemis de son nom fussent dissipés. Et le Seigneur, toujours prêt à exaucer les vœux de l'âme qui se confie en lui, changeait les pensées d'Attila et le faisait porter en des lieux que ne protégeaient pas les prières de Geneviève, la terreur de son nom et le ravage de ses armes.

L'événement justifie la prédiction de Geneviève. Attila, prêt à fondre sur Paris, change tout à coup de dessein. Il retourne sur ses pas. L'incendie et les ruines marquent son passage; la crainte le de-

vance, la malédiction le suit ; il détruit tout, n'é-
pargne ni le sexe ni l'âge, et les malheureux citoyens qui échappent à sa fureur viennent, en demandant des secours aux Parisiens, leur attester la
ruine des villes où ils avaient le projet de courir se
mettre à l'abri.

Alors la voix du peuple entier proclame la sainteté de l'humble épouse du Sauveur ; l'air retentit
des bénédictions de la reconnaissance, et maintenant elle n'a plus rien à craindre des Parisiens, que
ses salutaires conseils ont sauvés de la mort. Tous
proclament sa sagesse, tous confessent que l'esprit
de Dieu l'anime et l'éclaire. On l'implore comme
puissante auprès du Seigneur. Les veuves veulent
apprendre d'elle à rendre sainte leur viduité ; les
vierges la supplient de leur servir de mère, et, pour
céder à tant de pieuses instances, elle fonde le
monastère connu depuis sous le nom des Andriettes.
C'est là que souvent elle porte ses pas, elle console,
elle reprend, elle édifie. Ses paroles touchent, ses
exemples entraînent. Elle ne commande pas d'agir,
elle fait la première tout ce qu'il y a de plus parfait, et comme sous le charme d'une puissante influence, on l'imite, on la suit ; tout devient aisé,
tout est doux : Dieu est glorifié.

Une des premières vierges qui vécurent dans
cette sainte maison vit sa vocation justifiée par un
miracle et le dut à l'intercession de notre sainte.
Cette jeune personne, nommée Céline ou Célinie,
possédait tous les avantages naturels qui peuvent
procurer dans le monde un brillant établissement ;

aussi était-elle fiancée à un jeune homme qui avait conçu pour elle une violente passion. Célinie avait donné sans répugnance son consentement à cette union, elle la voyait même avec un certain plaisir, mais Dieu la destinait à de plus augustes nœuds.

Dans un voyage que sainte Geneviève fit à Meaux, Célinie eut occasion de la voir ; le bruit des vertus et des prodiges de l'humble bergère l'avait devancée à Meaux, et la jeune Célinie se sentit entraînée vers elle par un attrait irrésistible. Le calme parfait qui régnait sur le front de notre sainte, l'angélique douceur de son regard, un éclat divin qui se répandait sur sa personne, tout donna une haute idée de l'état saint qu'elle avait embrassé à celle qui bientôt allait engager sa foi à un époux terrestre. Aussitôt ses pensées changent, elle n'envie plus que le bonheur de s'unir pour jamais à Jésus-Christ, et, dans la vivacité de ce nouveau désir, elle cherche le moyen de voir Geneviève et de lui demander ses conseils et son secours pour accomplir son pieux dessein.

Geneviève tressaille d'allégresse en entendant Célinie lui raconter les miséricordes du Seigneur ; elle la fortifie dans sa résolution et lui révèle les douceurs que Dieu verse dans les âmes qui se donnent à lui sans partage. Célinie, docile à la sainte inspiration de la grâce, se dépouille aussitôt des vains ornements du siècle et reçoit des mains de Geneviève la tunique bleu de ciel et le manteau noir qui distinguaient dans ces temps, du reste des femmes, les vierges consacrées à Dieu.

Le jeune homme qui était fiancé à Célinie ne fut pas longtemps sans apprendre le changement de sa volonté, et il se hâta d'accourir à Meaux afin de revendiquer ses droits. Tout fut inutile : larmes, prières, menaces, rien ne put ébranler la jeune vierge, et ses refus persévérants allumèrent tellement la colère de cet impétueux jeune homme, qu'il jura de se venger d'elle et de celle qui l'avait aidée dans l'accomplissement de son projet.

Célinie courut apprendre à sa sainte protectrice le danger qui les menaçait toutes deux, et Geneviève, pour l'éviter, ne vit pas d'autre moyen qu'une prompte fuite. Elles se disposèrent donc à quitter Meaux ; mais comme elles étaient prêtes à sortir de cette ville, elles rencontrèrent ce jeune homme, et, pour se soustraire à sa fureur, elles se dirigèrent vers l'église ; à leur approche, les portes du baptistère s'ouvrirent d'elles-mêmes, et leur donnèrent un sûr asile contre ses poursuites. Étonné lui-même de ce miracle, il renonça à ses injustes prétentions, et Geneviève conduisit Célinie dans la sainte retraite qu'elle avait ouverte à l'innocence. A ce prodige il s'en était joint un autre. Célinie avait présenté à Geneviève une des filles qui la servaient, et qui, malade depuis longtemps, était privée de l'usage de ses jambes. Notre sainte la toucha, et aussitôt elle fut parfaitement guérie.

Célinie vécut d'une manière si parfaite dans le glorieux état de la virginité, qu'elle parvint à une sainteté éminente. Les églises de Paris et de Meaux célèbrent sa mémoire.

Pauvre et dénuée de tout, Geneviève fut la mère de tous les infortunés, et leur procura des secours dans toutes leurs nécessités. Dans une cruelle disette qui désola la France, elle brava tous les dangers pour procurer aux Parisiens les vivres dont ils manquaient, et leur distribua du blé selon les besoins de chacun. Mais comme parmi les pauvres il s'en trouvait quelques-uns qui, loin de souffrir leurs maux avec patience, murmuraient et offensaient Dieu, elle leur donnait des pains entiers pour arrêter le blasphème sur leurs lèvres. Les filles qui l'aidaient à faire cuire ces pains, voyant que le nombre diminuait même dans le four, ne savaient que penser et recherchaient avec soin ceux qui pouvaient les avoir dérobés. Elles rencontrèrent de ces pauvres gens à qui leur charitable maîtresse les avait donnés, et qui bénissaient à haute voix la sainte fille qui avait ainsi exercé envers eux une double charité, en empêchant leur âme de se livrer au péché et en donnant à leur corps le pain qui devait les sauver d'une mort affreuse et certaine. Ce fut de cette sorte qu'elles découvrirent les bienfaits cachés que la sensible Geneviève se plaisait à répandre sur les malheureux qui l'imploraient dans leur détresse.

Ainsi la charité de l'auguste patronne de Paris s'étendait aux corps comme aux âmes, et sa plus douce jouissance était d'offrir à chacun les secours qui lui devenaient le plus nécessaires. Sa confiance en Dieu était si grande, qu'elle n'hésitait pas un moment à implorer de lui les grâces qui lui étaient demandées, et le succés couronnait toujours sa prière. Un cœur pur a tant de puissance auprès du Seigneur ! Il prête l'oreille à sa voix, comme un père écoute les vœux que lui adresse son enfant le plus cher. Pour satisfaire aux désirs de cet enfant bien-aimé, nul sacrifice ne lui coûte, il est prodigue de ses trésors, et s'estime heureux quand il le voit content. Mais aussi, il faut le dire, cet enfant n'a jamais causé un léger déplaisir à son père. Attentif connaitre sa volonté, elle est pour lui une loi dont il ne s'écarte jamais; le moindre de ses ordres est exécuté avec une obéissance sans bornes. Il sait, ce père heureux, que son enfant l'aime de toutes les forces de son âme, que la crainte de l'affliger le porte à veiller sur ses actions pour les rendre toutes agréables au regard paternel; qu'une pensée, un désir qu'il pourrait penser déplaire au cœur de ce père bien-aimé, sont bannis du sien, comme le serait la pensée ou le désir du crime ! A un tel enfant, que pourrait refuser un père dont il fait la gloire ?

Enfants du Père céleste, nous nous plaignons souvent de le trouver sourd à la voix de nos supplications les plus ferventes. Dieu me rejette quand je le prie, disons-nous avec amertume. Interrogeons notre cœur, nous y trouverons la cause du peu de pouvoir qu'ont auprès de Dieu nos larmes et nos prières. Sa loi sainte, l'observons-nous dans sa pureté tout entière ? Sa volonté, n'y sommes-nous jamais rebelles ? Son amour règne-t-il dans notre âme ? Faisons-nous à la crainte de lui déplaire les sacrifices qu'il est en droit d'exiger de nous ?

Oh ! ne nous plaignons point de Dieu ; inclinons nos fronts humiliés sous sa main juste et puissante. Non, nous n'avons point à ses faveurs les titres qu'y donne une vertu solide et pure. Geneviève, au contraire, méritait d'être exaucée ; son Père céleste voyait dans son cœur tout ce qui pouvait plaire à ses divins regards ; aussi nous allons la voir disposer par la force de sa prière de la toute-puissance du Seigneur, et commander en son nom au ciel, à la terre, à l'enfer. Supplions-la de demander pour nous au maître dont maintenant elle partage la gloire ; prions-la de nous obtenir un cœur d'enfant à l'égard du meilleur des pères ; et si cette faveur nous est accordée, nous n'aurons plus à déplorer l'impuissance de nos vœux.

VIII.

Sainte Geneviève estimait à sa valeur le précieux trésor de cette foi qui seule nous rend agréables à Dieu. Aussi avait-elle une dévotion particulière aux saints apôtres qui avaient apporté dans les Gaules le flambeau sacré de l'Évangile. Elle aimait à se rendre dans le petit village où reposaient leurs précieux restes, et, prosternée sur leur tombeau, elle demandait au Seigneur, par l'intercession de ces saints martyrs, qu'il daignât donner au grain mystérieux semé par leurs mains et arrosé de leur sang l'accroissement promis par lui-même.

Son plus grand désir était de donner aux apôtres

des Gaules un témoignage de sa vénération, en faisant élever un temple en leur honneur. Mais que pouvait-elle ? Cette entreprise était bien au-dessus de ses moyens et de ses ressources. Pourtant elle ne se décourage point ; elle place en Dieu son espérance, et, persuadée que s'il doit y trouver sa gloire, il fera réussir son pieux projet, elle redouble ses prières.

La véritable humilité ne se fie point à ses propres pensées. Geneviève résolut donc de faire connaître ce dessein aux prêtres du bourg de Catheuil (1), où ces précieuses reliques étaient déposées. Un jour que, selon sa pieuse coutume, elle s'était rendue en ce lieu pour y prier, et que les bons prêtres étaient venus au-devant d'elle, ainsi qu'ils avaient l'habitude de faire, elle se sentit pressée par une inspiration secrète de leur communiquer les pensées qui la préoccupaient.

— Mes vénérables pères et seigneurs en Jésus-Christ, leur dit-elle avec ce ton de douceur qui lui était naturel, j'ai un grand désir de faire élever une basilique en l'honneur de saint Denis, en ce lieu même où reposent son corps et ceux de ses bienheureux compagnons, et j'aurai besoin de votre concours ; je vous supplie donc de m'aider de vos secours et de vos soins, car il ne faut pas douter que ce lieu où sont déposés les précieux restes de

____

(1) Aujourd'hui Saint-Denis.

ceux qui ont apporté à nos ancêtres le don de la foi, ne soit digne d'un respect particulier et d'une vénération profonde.

Les bons prêtres, en entendant ces paroles, furent pénétrés à la fois de joie et de douleur : de joie, car eux aussi souhaitaient vivement que les saints apôtres fussent honorés là même où ils avaient consommé leur sacrifice ; mais en même temps la douleur brisait leur âme, car ils avaient de bien faibles ressources, et ils craignaient que cette entreprise ne surpassât leurs forces. Ils avouèrent avec simplicité à la pieuse vierge les divers sentiments qui se partageaient leur cœur, et ajoutèrent qu'ils n'auraient même pas le moyen de se procurer la chaux dont on aurait besoin pour faire bâtir le temple.

Geneviève lève ses regards vers le ciel, et son visage resplendissait d'un éclat surnaturel. L'Esprit-Saint l'a remplie ; la lumière dont il inonde son âme se reflète sur ses traits, et d'un accent prophétique elle s'écrie :

— Que quelqu'un d'entre vous, mes pères, aille, je vous prie, vers le pont de la ville, et qu'il me rapporte ce qu'il y aura entendu.

Ces pieux ecclésiastiques, obéissant à Geneviève comme si Dieu même eût parlé, furent au lieu qu'elle venait de leur indiquer, écoutant avec soin ce qu'ils pourraient entendre d'utile au pieux dessein de la vierge. Comme ils approchaient du pont, ils virent deux pâtres qui s'entretenaient ensemble ; ils prêtèrent l'oreille à leur conversation, et ne furent pas peu surpris en entendant l'un de ces pâtres dire à l'autre :

— Ce matin, en cherchant un de mes animaux qui s'était éloigné du troupeau, j'ai trouvé non loin d'ici un endroit où il y a une prodigieuse quantité de chaux.

— Et moi, répondit l'autre pâtre, ici près, à l'entrée de la forêt, j'ai fait la même découverte sous la racine d'un arbre nouvellement arraché.

Bénissant Dieu dans leur cœur, les pieux ecclésiastiques furent reconnaître les fours à chaux ; et, s'étant assurés du lieu où ils étaient situés, ils vinrent apprendre à sainte Geneviève la découverte miraculeuse du secours que le ciel leur accordait.

Elle fut si heureuse en apprenant que le Seigneur avait manifesté ainsi sa volonté, qu'elle ne put s'empêcher de verser des larmes de joie. Dès que les saints prêtres l'eurent quittée, elle se prosterna devant Dieu, et passa toute la nuit en prières, remerciant humblement son divin époux du bienfait qu'il lui avait accordé, et le suppliant, en lui offrant ses pleurs avec ses vœux, de continuer à couvrir de sa protection le projet dont son cœur était rempli.

Dès que le jour parut, elle se rendit chez le prêtre Genès, afin d'implorer son secours et son conseil. Elle lui raconta les merveilles de la Providence, et ce saint prêtre, remplie de vénération pour la fille bien-aimée du Seigneur, se jeta à ses pieds, en lui promettant de s'employer sans relâche à tout ce qu'elle lui ordonnerait.

A la prière de sainte Geneviève, les habitants des villages voisins s'unirent à ceux du bourg de Catheuil pour élever un temple aux saints martyrs. Nul obstacle ne pouvait arrêter leur zèle, et ils semblaient ne rencontrer des difficultés que pour les vaincre. Tandis que tous travaillaient avec courage à édifier la basilique sainte, Dieu, par un miracle nouveau, justifia la foi de sa servante, et consola la piété de ceux qui l'aidaient dans son œuvre avec tant de générosité.

On avait rassemblé dans la forêt un grand nombre d'ouvriers; les uns coupaient et taillaient le bois, d'autres le mettaient sur des chariots pour le conduire au lieu où se bâtissait l'église. La chaleur était excessive, et les rafraîchissements vinrent à manquer. Genès en avertit notre sainte, et la pria d'encourager les travailleurs, tandis qu'il courrait à la ville pour en faire apporter ce qui était nécessaire. Touchée de compassion à la vue du besoin de ces pauvres gens, l'épouse de Jésus-Christ se fit montrer le vase où l'on avait mis d'abord l'eau ou le vin qui se trouvait alors manquer, puis, mettant sa confiance au Seigneur et faisant retirer tout le monde, elle pria et pleura en la présence de Dieu. Sentant que sa prière était exaucée, elle se leva, fit le signe de la croix sur ce vase, et en même temps il fut rempli.

Ceux qui travaillaient eurent en abondance de quoi satisfaire leur soif; et tant que dura leur ouvrage, le secours miraculeux ne leur manqua point.

Ainsi la dévotion d'une vierge simple dans sa croyance jeta les premiers fondements de la superbe basilique élevée en l'honneur des saints missionnaires qui nous apportèrent le don inestimable de la foi. Ses prières et ses larmes triomphèrent de toutes les difficultés , et le démon frémit en voyant se bâtir un temple de plus au vrai Dieu. Les miracles obtenus à cette occasion par l'humble vierge de Nanterre donnèrent lieu aux cantiques d'actions de grâces que chantèrent en l'honneur du Très-Haut ceux que son bras avait secourus, et qui furent comme les prémices de cette suite non interrompue de louanges dont les voûtes sacrées de ce temple devaient retentir dans la longue suite des siècles à venir.

IX.

Le lieu où Dieu avait fait de si grandes choses en faveur de sa servante était toujours l'objet de sa prédilection. C'était là qu'elle aimait surtout à prier, là que son cœur s'épanchait avec plus de délices devant le divin objet de son amour. Oh ! que de fois, sans doute, prosternée au pied des saints autels, elle conjura le Dieu de saint Denis d'étendre son royaume, et de placer sur le front des souverains de la France cette croix dominatrice qui avait triomphé de l'univers ! Que de fois, pour obtenir cette grâce, elle arrosa de ses pleurs le pavé du sanctuaire et fit retentir de ses soupirs d'amour l'enceinte sacrée qui s'était élevée par ses soins !

Une pieuse tradition dit que notre sainte était liée d'une sainte amitié avec la reine Clotilde et le pieux archevêque de Reims. Lorsque saint Germain d'Auxerre eut achevé son pèlerinage en ce monde, la vierge de Nanterre, qui regardait ce pieux prélat comme son père en Notre-Seigneur, fut inspirée de choisir saint Remi pour son guide. Les trésors de grâce dont l'âme de Geneviève était enrichie ne furent bientôt plus un secret pour le saint, qui paya dès lors à ses vertus un tribut d'admiration et se fit un devoir de les perfectionner par le soin particulier qu'il prit de sa conduite. La confiance et la docilité de l'illustre vierge correspondaient aux désirs, aux conseils de son sage conducteur; elle le consultait pour tout, et se rendait souvent à Reims pour recevoir ses précieux avis et ses bénédictions.

Unies pour la gloire du Seigneur, ces trois saintes âmes, Remi, Clotilde et Geneviève, mettaient tout en œuvre pour procurer à Clovis le bonheur d'embrasser la vraie foi. Le saint prélat, par de touchantes exhortations, par des instructions solides, disposait l'âme du monarque à s'ouvrir aux douces influences de la grâce. Geneviève offrait pour ce prince des Francs ses prières et ses larmes au Dieu puissant qui tient dans sa main le cœur des rois; et la pieuse Clotilde, consacrant à la gloire du Seigneur les dons qu'elle en avait reçus, s'efforçait de gagner par ses manières pleines de charmes l'amour de son auguste époux, sachant bien que plus elle serait aimée, plus sa voix serait puissante pour persuader et convertir celui qu'elle avait fait le maître de sa destinée (1).

Il brilla enfin le beau jour de cette conversion tant désirée. Clovis avait été combattre dans les champs de Tolbiac; au moment où la valeur de ses Francs cédait à la vigueur de l'attaque ennemie, le monarque invoque les dieux qu'il avait appris à honorer dès l'enfance; mais sourdes et impuissantes, ces idoles de bois et de pierres ne peuvent le tirer du péril; alors il se souvient du Dieu dont tant de fois une épouse chérie lui avait dit la puissance et la grandeur. « Dieu de Clotilde, s'écrie-t-il avec confiance, si tu m'accordes la victoire, je le jure, je serai chrétien. » Il a dit, il pousse son cri de guerre; et le bras du Seigneur combattant avec lui, le triomphe est complet et surpasse même les espérances du vainqueur.

Fidèle, après la victoire, au vœu qu'il avait fait à l'heure de la défaite, le monarque demande un prêtre pour l'instruire des vérités de la religion chrétienne et le préparer à la grâce du saint baptême qu'il voulait recevoir des mains de saint Remi. Saint Vaast d'Arras fut choisi pour cette fonction importante. Comme il passait avec le roi un pont jeté sur la rivière d'Aisne, un pauvre aveugle, qui se trouvait là, demanda au saint qu'il lui rendît la vue. Ses cris émurent le charitable prêtre, et, dans la simplicité de sa foi, il fit le

---

(1) *Vie de saint Remi*, par le père J. Dorigny, l. I.

signe de la croix sur les yeux éteints de ce malheureux et lui rendit la clarté. Clovis adora de nouveau ce Dieu puissant et bon qui écoute la prière du pauvre comme il exauce celle des rois, et sa croyance s'affermit encore par ce miracle.

Peu de temps après, Reims avait vu dans son temple le roi des Francs; une huile miraculeuse avait coulé sur le front du monarque superbe : Clovis était chrétien.

Illustre vierge, combien ce moment dut être délicieux à votre cœur! Oh! sans doute, quand l'époux de Clotilde combattait dans ces plaines où Dieu fut son vainqueur, vos mains élevées vers le ciel imploraient les grâces du Très-Haut. Vous aviez prié, et, par une de ses grandes miséricordes, le Seigneur avait envoyé son esprit de force et d'intelligence à celui dont le nom, dans vos vœux, s'échappait avec vos larmes. Qu'il dut donc être beau pour vous, ô Geneviève, le jour où, brûlant ce qu'il avait adoré, Clovis fit monter avec lui sur le trône la religion de votre Dieu! Vos prières alors furent de ferventes actions de grâces, et une joie sainte enivra votre cœur.

Clovis, avant même qu'il eût embrassé le christianisme, avait pour notre sainte une profonde vénération. L'éclat de ses vertus et de ses miracles, le respect dont il la savait pénétrée pour le pieux archevêque de Reims, que lui-même honorait de toute son estime, les sentiments que saint Remi manifestait en toute rencontre pour l'humble vierge de Nanterre, tout contribuait à la rendre chère et respectable au monarque. Aussi, pour donner à Geneviève une marque de son affection, comme il savait que la pieuse fille allait souvent à Reims pour conférer avec le saint prélat, il donna à notre sainte deux métairies qui se trouvaient sur la route, afin qu'elle pût s'y reposer et y trouver de quoi satisfaire à ses besoins. Geneviève fut très-sensible à cette générosité du prince, mais craignant de manquer à la pauvreté évangélique en acceptant pour elle ce don, elle pria le roi de permettre qu'elle en disposât en faveur de saint Remi. Le pieux archevêque de Reims rapporte dans son testament ce présent que lui fit Geneviève, dont il ne parle qu'avec vénération, et qu'il appelle sa chère fille et sa sœur en Jésus-Christ (1).

Avant Clovis, Childéric, son père, avait rendu hommage à la piété de Geneviève. Bien que les yeux du monarque fussent encore fermés aux lumières de la foi, il avait su reconnaître les vertus de l'élue du Seigneur. Elle avait tant d'ascendant sur lui, qu'un jour, dit l'historien de notre sainte, le roi Childéric, voulant faire mettre à mort quelques criminels, et craignant que Geneviève, à qui il ne pouvait rien refuser, ne les ôtât des mains de la justice en obtenant de lui leur grâce, sortit de la ville et en fit fermer les portes, afin qu'elle ne pût le joindre. Un messager fidèle en avertit la sainte ; elle se hâta de suivre les pas du prince, et,

____

(1) Vie de saint Remi, par le père J. Dorigny, L. II

lorsqu'elle arriva à la porte qui était fermée, elle ne l'eut pas plus tôt touchée, qu'elle s'ouvrit d'elle-même, sans le secours d'aucune clef, à la grande admiration de tous ceux qui furent témoins de ce fait ; et, poursuivant son chemin jusqu'à ce qu'elle eût atteint le roi, elle fit tant par ses prières, que ce prince lui accorda la vie de ces infortunés.

Si les païens eux-mêmes rendaient aux vertus de notre sainte un hommage si public, les chrétiens parvenus au plus haut degré de sainteté ne croyaient pas faire trop en se recommandant à ses prières. Du fond de l'Orient, saint Siméon Stylite faisait saluer Geneviève par les voyageurs qui revenaient dans la patrie de cette sainte ; il les priait de lui témoigner l'extrême vénération qu'il avait pour elle, et de la conjurer de se souvenir de lui devant Dieu. A ceux que la piété amenait de la terre de France sur ce sol où le christianisme avait enfanté tant de prodiges, il demandait avec un vif intérêt des nouvelles de l'humble vierge de Nanterre, et manifestait sa joie lorsqu'ils pouvaient lui en apprendre.

Tel est donc l'éclat de la vertu, que vainement elle se cache sous les voiles épais d'une profonde humilité. Dieu, fidèle dans ses promesses, glorifie lui-même ceux qui ne cherchent point leur propre gloire. Pour les manifester aux yeux des hommes, il suspend, il renverse les lois ordinaires de la nature. Il les fait dépositaires de sa puissance, ou, pour mieux dire, leur volonté, abîmée, perdue dans sa volonté sainte, ne veut plus, n'agit plus ;

instruments passibles, ils commandent, ils parlent, et tout obéit au bras de Dieu qui conduit à la fois les saints et les miracles qu'ils opèrent. Pour eux, toujours humbles, tremblants à la vue de cette puissance dont les hommes révèrent la bonté, ils adorent le Dieu grand qui les a faits dispensateurs de ses bienfaits, et s'écrient dans l'extase de leur reconnaissance : « Ce n'est point à nous, Seigneur, non, ce n'est point à nous que revient la gloire : donnez-la à votre nom; elle est due en toute vérité à votre miséricorde. »

X.

Ainsi que nous l'avons dit, l'église que notre
sainte avait fait bâtir en l'honneur des saints martyrs Denis, Rustique et Eleuthère, était le lieu où
elle se plaisait davantage. Elle s'y rendait avant
l'aurore, elle y prolongeait ses prières longtemps
après que le soleil avait fini son cours, et toujours
elle y goûtait de nouvelles délices.

Geneviève était dans la pieuse habitude de consacrer aux veilles et à l'oraison les nuits du samedi
au dimanche, pour imiter les premiers chrétiens
qui honoraient ainsi le jour du Seigneur. Une
de ces nuits, par un fort mauvais temps, elle
se sentit pressée du désir de se rendre dans ce
temple, et, ne pouvant y résister, elle le commu-
niqua aux pieuses compagnes qui partageaient ses
veilles. Un désir de Geneviève était pour elles un

ordre du ciel : elles savaient si bien que Dieu se communiquait sans réserve à son humble servante ! Sans rien craindre, sans faire la moindre objection, en un moment elles sont prêtes à suivre celle qu'elles aiment à regarder comme leur modèle et leur mère, et l'heure marquée par le premier chant du coq est témoin du départ de la pieuse société.

Elles marchent en silence, priant Dieu du fond de leur âme ; et déjà elles ont franchi une assez grande distance, quand tout à coup le cierge qu'une d'entre elles portait devant Geneviève s'éteint et les laisse dans une obscurité profonde. Les ténèbres qui les environnent, le mauvais état des chemins où elles marchent, et qu'une pluie abondante rend à chaque instant plus difficiles, tout concourt à jeter le trouble dans l'âme des vierges qui suivent notre sainte ; mais elle seule ne se trouble pas, Dieu est sa lumière et son salut, elle ne craint point. Elle demande le flambeau dont le secours paraît si nécessaire à ses timides compagnes, et à peine on l'a remis entre ses mains, qu'il brille d'un nouvel éclat. Pleine de joie à la vue de ce prodige, la pieuse troupe reprend sa marche, éclairée jusqu'au lieu saint par ce cierge miraculeux, et là, elle le voit se consumer devant les autels du Seigneur.

Environ dans le même temps, continue l'historien de notre sainte, Geneviève étant entrée à l'église et y ayant fait sa prière, prosternée, selon sa pieuse coutume, contre le pavé du temple, elle prit, dès qu'elle eut quitté son humble posture d'adoration, elle prit un cierge qui n'avait pas encore été allumé, et, par miracle, il s'alluma dans sa main, sans qu'elle l'eût approché ni du feu ni de la lumière.

On dit aussi, ajoute le même auteur, que Dieu lui fit souvent la même faveur lorsqu'elle était dans sa cellule, et que le cierge dont elle se servait s'allumait ainsi d'une façon miraculeuse. Plusieurs personnes malades, ayant eu la dévotion de demander quelque petite partie de ce flambeau sacré, furent délivrées de leurs maux par ce secours et rétablies dans leur première santé.

C'était ainsi que Dieu se plaisait à manifester de diverses manières la puissance et la gloire de son humble servante. Il l'avait choisie et séparée dès le sein de sa mère pour lui faire opérer de grandes choses, et dans ses desseins il fallait que son amour pour elle éclatât aux yeux de tous, afin qu'à la vue des prodiges qui devaient marquer tous ses pas, on confessât que le Seigneur était avec elle, et qu'on rendît gloire au Très-Haut. A ces faveurs particulières de Dieu, nous allons en effet voir succéder des dons plus éclatants encore. L'enfer s'était armé contre la douce et timide vierge, il avait calomnié sa vertu, il va maintenant sentir les effets de sa puissance; il va trembler devant celle dont il ne put un moment ébranler la constance; et, vaincus par elle, les démons, en frémissant de rage, iront proclamer dans l'abîme éternel et sa victoire et leur défaite.

XI.

La charité de notre bonne sainte était tellement
connue, que toutes les misères s'empressaient de
recourir à elle. Aussi la demeure qu'elle s'était
choisie à Paris était comme le rendez-vous de tous
les infortunés. Aucun ne se retirait sans avoir obtenu l'effet de sa prière ; guérisons, secours, consolations, tout était prodigué par la pieuse servante de Jésus-Christ. Il semblait que Dieu l'avait
placée sur la terre comme l'ange qu'il destinait à
essuyer toutes les larmes, à calmer toutes les douleurs.

On amena un jour à la demeure de Geneviève
douze personnes qui étaient cruellement tourmen-
tées par les démons. Sa compassion naturelle fut

vivement émue par les souffrances de ces malheu-
reuses victimes de l'ennemi du salut. Elle se mit
aussitôt en prière et invoqua pour eux le nom puissant de Jésus-Christ. Durant le temps de son oraison, les malheureux étaient en proie à toutes les
tortures que pouvait imaginer la rage des esprits
de ténèbres, et leurs cris déchiraient le cœur sensible de Geneviève. Lorsqu'elle eut fini sa prière,
elle commanda aux énergumènes d'aller en l'église
de Saint-Denis; mais on fut obligé d'employer la
force, et notre sainte, pour les contraindre à obéir,
leur fit lier les mains derrière le dos, et les fit
marcher en leur ordonnant de se taire. Lorsqu'elle
fut arrivée après eux dans le saint temple, elle se
prosterna en versant un torrent de larmes et pria
de toute la force de son âme. Alors ces pauvres
malheureux se mirent à pousser des cris affreux,
en disant qu'ils voyaient venir ceux que Geneviève
appelait à son secours, les anges, les saints martyrs
sans doute, dont elle implorait la protection, peut-
être Notre-Seigneur lui-même, puisqu'il est toujours près de ceux qui l'invoquent en esprit et en
vérité, et qu'il fait la volonté de ceux qui le
craignent.

Geneviève se releva enfin, et, s'approchant des
infortunés qui lui avaient confié le soin de leur
délivrance, elle fit sur chacun d'eux le signe auguste de la croix. Aussitôt une odeur infecte se ré-
pandit dans le temple et fit connaître aux assistants
que les esprits immondes abandonnaient leur proie.
Pénétrées de reconnaissance, les pauvres victimes

de l'enfer bénirent mille et mille fois le Seigneur du miracle qu'il venait d'opérer en leur faveur, et tout le peuple avec eux mêlait dans les cantiques d'actions de grâces le nom de Geneviève à celui du Très-Haut.

Dans un voyage que notre sainte fit à Tours pour y honorer saint Martin, en qui elle avait une dévotion particulière, sa puissance sur les démons parut encore avec éclat. Elle était à peine sur le port de cette ville, qu'on vit un nombre considérable de possédés sortir de l'église et venir au-devant d'elle. Les esprits malins, qui tourmentaient ces malheureux, criaient par leur bouche qu'ils se sentaient brûlés de nouvelles flammes depuis que sainte Geneviève approchait de Tours, et qu'ils souffraient, entre elle et saint Martin, d'horribles supplices. Ils confessaient aussi que les tempêtes qui avaient assailli la barque où se trouvait la sainte avaient été soulevées par eux, afin d'empêcher qu'elle débarquât dans la ville.

Calme au milieu de ces clameurs, Geneviève poursuit son chemin jusqu'au temple où se dirigeaient ses pas. Là elle se prosterne, elle prie ; son âme s'épanche avec confiance devant le Dieu puissant et fort ; il l'exauce, elle le sent. Alors elle se lève, fait sur les malheureux le signe de la croix, et les démons fuient loin d'eux. Délivrés de leur tyrannie, ceux qu'ils possédaient naguère confessèrent la puissance de Dieu et celle de Geneviève, en déclarant qu'au moment même où la sainte contraignait les démons d'abandonner leurs corps, ils avaient vu ses doigts luire autour d'eux et briller d'une flamme extraordinaire, et que la crainte d'être brûlée par cette flamme leur avait arraché les cris qu'ils avaient fait entendre.

Durant son séjour en cette ville, trois hommes mariés vinrent la prier de se rendre à leur demeure : leurs femmes aussi étaient cruellement obsédées par le malin esprit, et ils ne voulaient pas qu'elles sortissent, afin d'éviter l'infamie. Peindre à Geneviève sa misère, c'était être assuré d'en obtenir la fin ; touchée de compassion, elle se rendit chez ces infortunées, et, après avoir invoqué le Seigneur, elle leur procura une heureuse délivrance en faisant sur elles une onction avec de l'huile bénite.

Le lendemain de ce miracle, elle assistait à l'office de la nuit dans l'église de Saint-Martin. Retirée dans l'endroit le plus obscur du saint temple, pour prier avec plus d'attention et pour se dérober aux regards des hommes, elle goûtait les pures délices que Dieu verse dans les cœurs qui lui sont fidèles, lorsque tout à coup elle se trouve interrompue dans ses communications avec le ciel. Un malheureux, entraîné vers elle par une force irrésistible, se roule devant elle en se déchirant, et implore sa pitié. C'était un des chantres de l'église, dont le démon venait de s'emparer. Geneviève conjure à l'instant l'esprit de ténèbres, et il est contraint à sa voix d'abandonner la proie qu'il venait de saisir. Ce prodige, dont tout le peuple fut témoin, attira à la pieuse vierge la vénération de tous , et on lui rendait toutes sortes d'honneurs lorsqu'elle passait dans les rues.

Le détail de tous les prodiges de ce genre qui furent opérés par notre sainte serait trop long. Un seul encore plus frappant que les autres terminera ce chapitre. On lui amena un jour un malheureux possédé par l'esprit immonde. Elle se fit apporter le vase qui contenait l'huile sainte dont elle avait coutume de se servir pour délivrer ces misérables. Quel fut son trouble en apercevant qu'il était vide ! Il ne se trouvait pas là d'évêque pour bénir d'autre huile, et pourtant renvoyer sans guérison un infortuné qui l'implorait , quelle épreuve pour le cœur de Geneviève ! Elle espère en Dieu ; pour sa puissance, qu'est un prodige de plus ? La vierge prie, et, se levant après sa fervente oraison , on vit dans ses mains la fiole remplie d'une liqueur miraculeuse. Elle fit avec cette huile une onction sur le possédé, et à l'instant il se trouva guéri. Ainsi deux miracles s'opérèrent par la foi de Geneviève, et Dieu permit qu'on les connût, que l'auteur même de la vie de notre sainte vit cette huile de prodige dix-huit ans après la mort de la servante du Seigneur, afin que nous apprissions ce que peut une prière faite avec confiance , et que notre abandon à sa divine providence ne pût être diminué par la grandeur de nos misères.

XII.

Puissante en œuvres et en paroles, Geneviève avait reçu de Dieu force et grâce contre toutes les calamités. A sa voix, les éléments obéissaient avec respect. Une prière, une larme, portées par les anges au pied du trône de Dieu, et l'orage respectait les moissons, les flots apaisaient leur furie, les démons vaincus fuyaient, la tempête s'éloignait comme si le bras du Tout-Puissant l'eût repoussée en des lieux où Geneviève n'était point.

La pieuse vierge de Nanterre avait quelques propriétés sur le territoire de Meaux; car l'historien de sa vie rapporte un miracle qu'elle opéra près de cette ville, tandis que les moissonneurs faisaient la moisson. Le ciel, longtemps serein et pur, se couvrit tout à coup d'épais et sombres nuages. Le vent sifflait avec fureur dans les plaines d'alentour, et les échos répétaient au loin les mugissements de la foudre. De brûlants éclairs sillonnaient le ciel, et déjà de larges gouttes de pluie tombaient sur la terre. Les moissonneurs de notre sainte, troublés à l'approche du danger, semblaient ne penser qu'à fuir. Geneviève les rassure, puis, entrant dans une tente qui se trouvait proche, elle se prosterne contre terre, suivant sa coutume, et verse des larmes devant le Seigneur, pour détourner le fléau de sa colère. Jésus-Christ eut pour agréable l'humilité de sa servante, et, accordant à sa foi un miracle visible, il permit qu'il ne tombât pas une seule goutte d'eau sur la terre qui lui appartenait, tandis que les plaines environnantes étaient inondées par des torrents de pluie.

Sa voix, puissante pour conjurer les orages, ne l'était pas moins pour commander aux flots. Un jour qu'elle se faisait conduire sur la Seine, une tempête furieuse se forma dans l'air et sur l'eau. Le bateau qui la portait paraissait près d'être submergé; mais, calme au milieu de ce péril, Geneviève leva ses yeux et ses mains vers les montagnes saintes; le secours en descendit à l'instant même, et les ondes, devenues paisibles, permirent à la pieuse vierge de continuer son voyage.

La ville de Paris, bloquée par les Français, était réduite à la plus affreuse disette. Touché des malheurs de ses concitoyens, ne pouvant supporter le spectacle de leur misère, la charitable Geneviève résolut de sauver les déplorables restes de cette population décimée par la faim. Elle entreprit, à cet effet, le voyage de Paris à Arcis-sur-Aube, afin d'en rapporter des vivres. Arrivé à un endroit extrêmement dangereux, les bateliers l'avertirent que presque tous les bateaux périssaient en ce lieu-là. Elle leur commanda de la déposer à terre et d'y venir avec elle; lorsqu'ils y furent, elle leur dit d'abattre un arbre qui causait tout ce péril. Ils se mirent en devoir de lui obéir, et tandis qu'ils frappaient l'arbre à coups de hache, Geneviève redoublait ses prières. Bientôt l'arbre s'incline, il se déracine comme de lui-même, et, dit l'historien de sa vie, on vit sortir de ce lieu deux monstres de diverses couleurs, qui remplirent l'air d'une odeur infecte. Depuis ce temps, aucun bateau ne périt plus en cet endroit.

Lorsqu'elle eut quitté Arcis pour revenir à Paris, où elle ramenait onze bateaux pleins de vivres, que sa charité était allée chercher si loin, une tempête vint mugir autour de ses barques, l'espérance de tant d'infortunés. Déjà elles étaient jetées par la fureur de l'ouragan entre des arbres et des rochers, d'où elles ne pouvaient se dégager. L'eau, en y entrant de toutes parts, commençait à les faire pencher du côté où les entraînait le poids des marchandises. L'effroi s'était emparé de tous les cœurs, l'humble Geneviève seule ne craignait point, et sa foi redoublant avec le danger, ses ferventes prières montèrent avec ardeur vers le trône du Tout-Puissant. Celui que la confiance ne trouve jamais sourd exauça de nouveau sa pieuse servante. Les barques se redressèrent à l'instant même et voguèrent en paix sur le fleuve devenu tranquille. Un prêtre nommé Bessus, qui avait ressenti une extrême frayeur durant le danger, fit éclater la joie dont l'avait comblé le miracle qui les avait sauvés, en chantant à haute voix ces paroles de la sainte Écriture :

— C'est à Dieu que nous devons notre salut et notre délivrance, il a été notre secours et notre protecteur.

Tous ceux qui, comme lui, avaient vu de si près la mort, élevèrent, à son exemple, leur voix vers le ciel, et chantèrent un cantique d'action de grâces au Dieu de Geneviève, pour le bienfait qu'il avait accordé aux prières de l'humble vierge.

Oh ! quand les tempêtes des passions s'élèvent dans nos cœurs, levons aussi nos mains et nos regards vers le ciel ; demandons à Geneviève qu'elle prie pour nous. Sa voix est toujours puissante sur le cœur de Dieu, et le danger de nos âmes la trouvera sensible. Elle parlera au Seigneur, il se lèvera, et à la fureur des vagues, de la tentation, succédera pour nous la joie d'un grand calme, et nous aussi nous pourrons dire à notre tour :

— C'est à Dieu que nous devons notre délivrance, il a été notre secours et notre protecteur.

XIII

La charité de sainte Geneviève lui fit entre-
prendre souvent de longs et pénibles voyages pour
remédier aux calamités publiques, ses affaires particulières et surtout le soin de son âme la conduisirent en divers lieux ; quelquefois aussi il semblait
que ses courses n'avaient aucun but apparent, mais
l'Esprit du Seigneur avait révélé à la vierge une
infortune à soulager, un malade à guérir, une âme
à préserver du mal, et, hâtant ses pas, Geneviève
courait où l'appelait un malheur. Aussi Dieu était
partout avec sa servante, et les prodiges mar-
quaient son passage.

Comme notre sainte approchait de la ville de

Laon, située dans le diocèse de saint Remi, archevêque de Reims, une grande multitude de peuple vint au-devant d'elle pour en obtenir quelques faveurs. Une famille désolée implora surtout avec ardeur la toute-puissante protection de Geneviève auprès de Dieu pour une jeune fille affligée depuis neuf ans d'une paralysie qui ne lui permettait aucun mouvement. Émue par les larmes de ses parents affligés, Geneviève se rendit aussitôt près de cette jeune malade, et, touchant de sa main ses membres engourdis par le mal cruel dont elle était atteinte, elle lui ordonna de se lever et de se vêtir. La jeune personne obéit, et, sortant du lit et de la chambre, elle fut rejoindre ses parents, comme si jamais elle n'eût été malade. Les témoins de ce miracle visible louèrent et bénirent à l'envi le Seigneur, qui donne un si grand pouvoir à ceux qu'il aime, et tout le peuple reconduisit Geneviève lorsqu'elle quitta la ville, en chantant des psaumes et des cantiques de louanges pour témoigner sa reconnaissance à Dieu.

A Meaux, un homme qui avait la main et le bras perclus et desséchés jusqu'au coude, la vint supplier de le guérir. Elle toucha ses membres infirmes, et, tandis qu'elle faisait dessus des signes de croix, ils reprirent en une demi-heure leur flexibilité et leur embonpoint.

Lorsque sainte Geneviève fut arrivé à Arcis-sur-Aube, un officier de la ville nommé Passivius vint la supplier de rendre une charitable visite à sa femme, qu'une paralysie cruelle retenait sur un lit de douleurs, et les personnes les plus considérables de l'endroit joignirent leurs prières à celles de cet époux affligé. Geneviève céda à leurs instances, et se rendit près de la malade, qui depuis quatre ans était dans un état de langueur déplorable. Elle s'agenouilla près de son lit, et, après avoir prié, elle fortifia cette infortunée par la vertu du signe de la croix et lui commanda de se lever. La malade obéit à l'instant et se trouva en parfaite santé, à la grande joie de tous les assistants, qui ne pouvaient se lasser de répéter les louanges du Seigneur et de le dire admirable dans ses saints.

D'Arcis, Geneviève se rendit à Troyes, et on lui présenta sur le chemin plusieurs malades qu'elle guérit en leur donnant sa bénédiction et faisant sur eux le signe de la croix. Dans la ville, on lui amena un homme frappé de cécité pour avoir profané le saint jour du dimanche par le travail, et une fille aveugle aussi depuis douze ans. Elle rendit la vue à l'un et à l'autre par l'invocation de la très-sainte Trinité et par le signe de la croix.

Un clerc inférieur, témoin de tous ces miracles, lui présenta son fils atteint depuis dix mois d'une fièvre violente. Sainte Geneviève se fit apporter de l'eau, la bénit au nom de notre Seigneur Jésus-Christ, et la fit boire à cet enfant, qui aussitôt fut parfaitement guéri. En ce même temps, plusieurs personnes furent délivrées de leurs maux spirituels et temporels, en portant avec foi et confiance des franges ou quelque autre partie des vêtements de la sainte.

Comme l'illustre vierge passait par Orléans pour se rendre à Tours, une mère de famille nommée Fraterna, apprenant qu'elle était à faire sa prière dans l'église de Saint-Aignan, se hâta de s'y rendre pour obtenir de sa charité la guérison de sa fille Claudia, qui était malade à l'extrémité. Cette pauvre mère perce la foule, et s'écrie en tombant aux pieds de notre sainte :

— Vénérable Geneviève, rendez-moi ma fille !

Les larmes de cette mère, la vivacité de sa foi, le ton déchirant de sa prière, tout émut l'âme sensible de l'auguste vierge.

— Consolez-vous, Fraterna, dit-elle à cette mère désolée, cessez de vous tant affliger, votre fille est guérie.

Remplie d'une joie proportionnée à sa douleur, Fraterna se leva aussitôt et courut à sa demeure où elle avait laissé mourante la fille de sa tendresse. Quelle fut l'ivresse de son bonheur en voyant Claudia venir au-devant d'elle avec toute la force que donne une santé parfaite ! Elle bénit Dieu, elle exalta sa pieuse servante avec les transports d'une reconnaissance maternelle, et tous ceux qui connurent ce miracle unirent leur voix à la sienne pour louer et glorifier le nom du Seigneur.

Un petit enfant appelé Maroveus, qui était aveugle, sourd, muet et boiteux, lui fut présenté par ses parents ; elle fit sur lui plusieurs onctions avec une huile consacrée, et l'enfant fut guéri si promptement, qu'à l'instant même il commença à voir, à entendre, à parler et à marcher.

Geneviève cherchait en vain à cacher les trésors de grâces et de sainteté dont Dieu l'avait enrichie : le bruit des prodiges qu'elle opérait par la grâce de Jésus-Christ lui attirait la confiance et la vénération de tous les habitants de la France. Au récit de ses miracles, un avocat de la ville de Meaux, sourd et boiteux depuis quatre ans, résolut de venir implorer à Paris la charité puissante de celle dont Dieu ne rejetait jamais les demandes. Il part, arrive avec peine à l'humble demeure de Geneviève, et la conjure d'avoir la bonté de poser ses mains sur ses oreilles depuis si longtemps fermées aux sons qui les réjouissaient autrefois. La charitable vierge satisfait son pieux désir, et à l'instant il entend, il marche comme avant le jour où il fut frappé des fléaux qui l'avaient désolé pendant tant d'années ; et son cœur et sa voix bénirent la miséricorde de Jésus-Christ.

Non-seulement les démons, les éléments et la maladie cédaient à la puissance de Geneviève, la mort même obéissait à sa voix et rendait à la vie les victimes qu'elle tenait en sa puissance. Un enfant étant tombé dans un puits, d'où on l'avait retiré mort trois heures après, fut apporté par sa mère aux pieds de notre sainte. Cette mère au désespoir jetait des cris pitoyables, et suppliait

Geneviève de lui rendre son enfant bien-aimé. Elle savait tout le pouvoir de la bienfaitrice qu'elle implorait; car elle avait été délivrée par ses prières d'un démon qui s'était autrefois emparé d'elle. Les gémissements de cette infortunée furent si puissants sur le cœur sensible de sainte Geneviève, qu'elle prit l'enfant entre ses bras, et, se prosternant après l'avoir couvert de son manteau, elle ne cessa de prier et de pleurer jusqu'à ce que le Dieu qui est la résurrection et la vie eût ressuscité l'enfant par un acte de sa volonté.

Comme cet enfant avait été mis au rang des catéchumènes, il fut baptisé la veille de Pâques, et on lui donna le nom de *Cellomeris*, parce que la vie lui avait été miraculeusement rendue dans la cellule de sainte Geneviève.

Les maladies, la mort même viennent souvent fondre sur notre âme: tantôt une langueur funeste la prive de toute force pour le bien, tantôt un funeste aveuglement l'empêche de voir la route qu'elle devra suivre et la fait se précipiter dans un chemin semé de précipices et d'écueils. Sourde à la voix de la grâce, aux cris de la conscience, que de fois elle savoure avec délice la coupe empoisonnée du mal, et trouve la mort, une mort funeste, là où elle n'avait cru trouver que le plaisir! Dans ces états, tous dangereux, bien que divers, ayons confiance en la sainte bergère qui guérissait par l'efficace de ses prières tous les malheureux dont la foi venait l'implorer. Du

haut du ciel, son regard erre avec amour sur
la patrie qu'elle aima durant les jours de son
pèlerinage. Elle désire voir près d'elle dans la
terre des vivants ceux qui foulent après elle le
sol du pays qui la vit naître; elle entendra nos
cris. Sa voix conjurera le Seigneur d'avoir pitié
de nos âmes, et les ténèbres se changeront en
lumières; la force de Dieu même remplacera
notre faiblesse, la grâce et la conscience seront
entendues, écoutées; la mort cédera ses victimes
à la vie, l'enfer sera vaincu, et le ciel tressaillira
d'allégresse.

XIV.

Dieu parut, dans plusieurs circonstances, prendre lui-même la défense de son humble servante et la venger des injures qui lui étaient faites. Nous avons déjà vu comment il punit en Géronce l'emportement qui lui fit donner un soufflet à sa pieuse fille. L'historien de la vie de sainte Geneviève, à ce trait, en joint deux autres qui prouvent combien le Seigneur était jaloux de manifester la vertu dont il avait comblé son épouse et de faire connaître à ceux qui doutaient de son pouvoir auprès de lui que la mépriser c'était s'attaquer à lui-même.

La retraite et la prière faisaient les délices de la pieuse vierge. Si elle ne se condamna point à une solitude perpétuelle, c'est que l'esprit du Seigneur la voulut au milieu du monde pour y servir à sa gloire, et que sa charité lui apprenait que quitter Dieu pour le prochain, c'est le servir. Mais pourtant, persuadée qu'il est bon de rentrer au fond de son cœur et de rafraîchir son âme dans le silence de toute affaire extérieure, elle avait coutume de se renfermer dans une cellule depuis le jour de l'Épiphanie jusqu'au jeudi saint, pour vaquer aux exercices de la prière et de la mortification. Là, seule avec Dieu, elle lui offrait le sacrifice de ses vœux et de ses larmes, et n'était pas moins utile à ceux qu'elle semblait délaisser pour un temps qu'aux jours où parmi eux elle les comblait de biens.

Durant une de ses retraites annuelles, une femme, poussée par une curiosité condamnable, voulut s'assurer par elle-même de ce que notre sainte faisait dans sa retraite. Elle s'approche sans bruit et regarde par quelques petites ouvertures qui se trouvaient à la porte. La justice divine l'attendait là : au même instant elle perd la vue, en punition de sa malice et de sa témérité. Le carême étant passé, sainte Geneviève quitta sa cellule et lui rendit la vue par ses prières et par le signe de la croix.

Dans un de ses voyages, se trouvant en la ville d'Orléans, où déjà Dieu avait permis qu'elle fît tant de miracles, elle apprit que le serviteur d'un des plus considérables habitants de cette ville avait encouru la disgrâce de son maître. Alors, pressée par cet esprit de charité qui anime les saints, elle résolut de réconcilier ensemble ces deux per-sonnes, et, courant trouver le maître, elle le conjura, dans les termes les plus pressants, de pardonner à celui qui avait eu le malheur de l'offenser. Loin de se rendre à une demande si touchante, cet homme répondit à la servante de Dieu avec orgueil et opiniâtreté. Il est même à présumer qu'il alla jusqu'à outrager Dieu dans ses paroles ; car Geneviève, laissant une sainte indignation prendre la place de sa douceur ordinaire, lui dit d'un ton plein de dignité :

— Si vous méprisez mes prières, sachez que mon Seigneur Jésus-Christ, qui est toujours prêt à pardonner aux pécheurs, ne les rejette pas.

Notre-Seigneur, en effet, fit connaître à ce malheureux quelle puissance Geneviève avait sur son cœur. A peine l'eut-elle quitté, qu'il fut saisi par une fièvre si ardente, qu'il ne put reposer un moment. La nuit entière s'écoula pour lui dans des souffrances inouïes ; il se roulait avec effort dans son lit, tordait ses mains et ses bras ; de sa bouche écumante sortaient à chaque seconde des cris déchirants, et sur ses traits décomposés se peignaient les ravages d'un mal aussi affreux qu'étonnant et subit.

A la pointe du jour, Geneviève le vint trouver, et la pitié qu'elle eut de lui ne lui permit pas de le laisser plus longtemps dans cet état déplorable. En le voyant se traîner, se rouler à ses pieds en lui demandant humblement ce pardon que la veille il avait refusé à ses sollicitations pressantes, elle leva les yeux au ciel, fit sur lui le signe de la croix, et lui rendit sa santé première, en lui recommandant de recevoir avec bonté son serviteur.

Une femme, ayant eu la malice de dérober un jour les sandales de notre sainte, perdit la vue dès qu'elle fut retournée en sa maison. Cet aveuglement lui ayant ouvert les yeux de l'âme, elle reconnut la main de Dieu qui daignait venger ainsi l'outrage fait à sa servante, et, se faisant conduire près d'elle, après lui avoir rendu ce qu'elle lui avait dérobé, elle se jeta à ses pieds, lui demandant humblement et le pardon de sa faute et la grâce de sa guérison. Sainte Geneviève sourit avec bonté, et, se hâtant de la relever, elle fit le signe de la croix sur ses yeux, qui aussitôt se rouvrirent à la lumière.

Ainsi font les saints : soupçons, injures, ils se vengent de tout par des bienfaits; ils répondent aux malédictions par des bénédictions, aux outrages par des paroles de paix. Si Dieu frappe leurs ennemis dans sa colère, ils prient pour eux avec une ardeur qui ne se lasse qu'après avoir obtenu leur pardon et quelque grâce nouvelle. Oh ! ces actions coûteuses, dures à une nature rebelle, mais petites selon le monde, quelle gloire elles procurent aux élus dans l'éternité ! Que Dieu les récompense magnifiquement dans sa miséricorde ! Puissions-nous l'éprouver un jour, et, après avoir imité Geneviève dans la pratique de sa charité envers ceux qui l'outrageaient, partager auprès de Dieu le bonheur que lui mérita cette vertu sublime !

XV.

Depuis longtemps Geneviève donnait à la terre
le spectacle des plus touchantes vertus; elle avait
passé par le creuset des plus cruelles tribulations.
La pauvreté lui avait fait sentir ses atteintes; l'infirmité et la maladie avaient purifié son corps; la
calomnie s'était plu à contrister son cœur; elle
avait subi toutes ces épreuves avec courage, avec
constance, avec joie; il était temps que Dieu la
rappelât dans son sein pour lui donner enfin cette
récompense magnifique, ce repos du ciel qu'il
destine à ses élus, et que ses élus, appuyés sur sa
parole immuable, attendent et désirent de toutes
les forces de leur âme.

L'histoire ne dit rien des derniers moments de

notre sainte, et la divine obscurité que Dieu même semble avoir étendue sur sa naissance voile encore les circonstances de sa mort.

« Après avoir demeuré sur la terre comme dans un lieu d'exil et vécu dans la pratique de toutes sortes de vertus jusqu'à l'âge de quatre-vingts ans et davantage, étant parvenue en une vieillesse pleine de vigueur et de bénédiction, elle mourut en paix, le troisième jour du mois de jan-vier de l'an de Notre-Seigneur 512 (1). »

Voilà les seules paroles de l'historien de sainte Geneviève à l'occasion de son bienheureux trépas.

Oui, elle dut mourir en paix, celle dont toute la vie n'avait été qu'un acte non interrompu d'amour pour son Dieu, de tendresse pour ses frères ! Si, au moment de quitter cette terre de pèlerinage, elle repassait dans son cœur ses anciennes années ; si son œil, du bord de la tombe, se reportait vers son berceau, elle pouvait sourire à ses premières œuvres, et se dire : Elles furent faites pour Dieu. Quelles adorations profondes ! quel amour parfait ! Elle l'avait choisi pour son partage, ce Dieu, à un âge où peu d'enfants ordinaires pensent à lui, et depuis ce beau jour nul autre objet ne vint partager avec lui l'amour dominant de son cœur. Son saint nom était l'objet de sa vénération profonde, et tout dans la nature lui servait à le glorifier. Les jours consacrés plus

____

(1) Charpentier, § 52.

spécialement à son culte étaient pour elle des jours de fête et de bonheur. Elle les passait tout entiers au pied des saints autels, et n'avait qu'un regret, celui de les voir finir sitôt.

Envers les auteurs de ses jours, quel respect! quelle tendresse! quels soins! Elle avait sauvé la vie à une multitude d'infortunés, consolé leurs douleurs, guéri leurs maux, sanctifié leur âme. Les bienfaits, s'échappant de ses mains sur toutes les misères, comme la douce rosée tombe des nuages sur une terre desséchée par un soleil brûlant, les faisaient céder la place à un bonheur inespéré, et les bénédictions de tous ceux qu'elle avait secourus retentissaient encore à son oreille, prête à se fermer à tous les sons terrestres.

La pureté, cette vertu des anges, si longtemps inconnue à la terre, à quel degré de perfection le cœur de Geneviève l'avait pratiquée! C'était là son plus cher trésor, son bien le plus précieux. Jamais une pensée, un désir contraire au vœu qu'elle avait fait d'être toute au Seigneur, n'avaient un instant séjourné dans son âme, où l'innocence de l'épouse de l'Agneau brillait de tout son éclat.

Fidèle à purifier sa conscience dans le bain salutaire de la pénitence ouvert à tous les chrétiens, mettant son bonheur à s'unir au Dieu de son cœur par la participation au divin sacrement de l'Eucharistie, pratiquant sans relâche une mortification dont l'obéissance seule tempérait la rigueur, Geneviève pouvait se rendre le consolant témoignage qu'elle avait accompli la loi de son

Dieu dans toute sa plénitude. La paix du ciel ne devait-elle donc pas inonder son âme ? Les grâces dont le Seigneur l'avait comblée, et qu'elle avait si bien mises à profit, lui étaient un sûr garant des biens qui l'attendaient dans une vie meilleure. Les tribulations qui l'avaient accablée dans le temps lui assuraient le repos de l'éternité. Oh ! comme elle se rappelait avec bonheur ces faveurs et ces épreuves de son exil, et qu'elles lui donnaient une haute idée du bonheur de la patrie ! Ses regards mourants, en se reportant de la croix vers le ciel, y contemplaient l'Époux céleste prêt à ceindre son front de la brillante couronne que lui avait préparée son amour. Ses désirs uniques allaient enfin se voir comblés, elle n'avait plus qu'à pousser un soupir, et son âme allait se perdre dans la joie du Seigneur !

Heureuse mille fois, vierge de Jésus-Christ, heureuse mille fois fut pour vous l'heure de votre délivrance ! Heureuse aussi fut-elle pour le peuple que vous quittâtes en ce moment suprême ! Il est vrai, vous n'étiez plus au milieu des malheureux qui chaque jour tendaient vers vous leurs mains suppliantes ; ils ne pouvaient plus entendre votre voix leur promettre au nom du Père des miséricordes le secours et la consolation ; mais votre puissance ne s'éteignait point avec votre vie mortelle : au ciel où vous alliez régner, la charité n'est-elle pas l'éternelle vie des élus ? Aussi que de bienfaits sont venus par vous à ce peuple qui vous pleurait ! Vos cendres révérées ont continué la mission sublime que Dieu vous avait chargée d'accomplir près de ce peuple malheureux ; et toujours votre main protectrice, bien que glacée par la mort, a su verser sur lui la protection et le bonheur.

Mourir en paix ! oh ! qui pourra comprendre le charme de cette parole ! Tout est là, le ciel, la gloire, le repos, l'éternité avec ses biens sans mélange de maux, avec ses délices qui ne finissent point. Richesses de la terre, vous qui donnez à l'homme le moyen de s'abandonner à tous les désirs de son cœur, vous qui donnez à ces vautours toujours renaissants la pâture qu'à chaque instant ils demandent, procurez-vous à ceux qui vous possèdent le bonheur de mourir en paix ? Leurs cœurs, sous le froid de la mort, sont encore brûlants du désir de vous posséder, ils se soulèvent de rage à la pensée de vous perdre; leurs bras raidis s'étendent avec effort pour tâcher encore de vous saisir. Oh ! ce n'est pas là mourir en paix !

Grandeurs, dignités du monde, vous qui donnez à l'homme tant de puissance au-dessus de ses semblables, a-t-il reçu de vous le pouvoir de triompher des horreurs de la mort, et d'être assez grand pour la voir d'un œil tranquille l'arracher à toutes vos jouissances? Non. Quand vous allez lui échapper pour jamais, son esprit se fatigue à chercher les moyens d'augmenter l'éclat dont vous l'avez entouré, à regretter les jours où votre splendeur lui donnait droit à tant d'hommages. Vous êtes tellement sa vie, que, déchiré par la pensée qu'il va mourir, il veut que vous le suiviez à sa dernière demeure, que votre faste s'y déploie autour de sa poussière, comme si en vous seulement il espérait son immortalité. De telles pensées déchirent, elles ne procurent point la paix.

Plaisirs enchanteurs et délicieux, vous qui faites de la vie une suite de fêtes et de joie, pour l'homme mourant vous n'êtes plus qu'un rêve long et mensonger. Il s'éveille au flambeau de la mort, il vous cherche, et à votre place il trouve les remords et les regrets que vous avez enfantés. S'il vous voit encore, avec vos formes fantastiques et gracieuses, apparaître dans l'avenir de sa vie, la tombe, en se refermant sur lui, l'arrache à cette illusion vers laquelle se portait déjà son désir impétueux; sa dernière pensée, son dernier soupir sont pour vous. Sentir une puissance invincible arracher notre âme au bien qu'il appelle de tous ses vœux, vouloir se dérober à l'action de cette puissance et succomber dans cette lutte, oh! non, non, ce n'est point là mourir en paix!

Les honneurs, les richesses, les plaisirs, n'ont jamais suivi les pas de l'humble vierge de Nanterre. Pauvre, humble, mortifiée, elle a marché constamment dans la voie étroite des commandements du Seigneur, et pour prix de sa fidélité, elle meurt en paix! Votre amour, ô mon Dieu, l'accomplissement de votre loi, procurent donc le bonheur si désirable d'une mort paisible! Oh! que votre grâce et la puissante intercession de votre pieuse servante donnent à tous vos enfants cette faveur de mourir en paix, et, pour l'obtenir, que tous s'efforcent comme Geneviève de mettre en vous seul leur amour, leur joie, leur espérance, et de vous servir en méprisant le monde et l'enfer ; alors, au moment du trépas, vous serez aussi leur espérance et leur joie, et la dernière heure du temps sera pour eux l'aurore de l'éternité.

XVI.

Clovis, à la sollicitation de sainte Geneviève, avait fait bâtir une église en l'honneur des glorieux apôtres saint Pierre et saint Paul. La mort de ce monarque, arrivée au mois de novembre 511, ne lui permit pas de donner ses soins à la fin de ce monument. C'était sa pieuse épouse qui devait avoir la consolation de le voir se terminer. Le corps du roi fut inhumé dans cette basilique, qui se trouvait près des murailles de Paris et non loin du palais habité par Clovis, sur une montagne appelée alors le mont *Locutius*, et qui porte maintenant le nom de la montagne Sainte-Geneviève.

Ce fut dans un des caveaux souterrains de cette église que furent aussi déposés les précieux restes de sainte Geneviève, l'humble bergère partageant ainsi la dernière demeure du premier roi chrétien. L'amitié de Clotilde et la reconnaissance des Parisiens s'unirent pour faire à l'illustre vierge de magnifiques funérailles. La reine, en apprenant sa mort, s'écria :

— J'ai perdu mon ange consolateur et ma meilleure amie, je la pleurerai aussi longtemps que l'époux en qui j'avais mis toute mon affection.

Oh ! que ces paroles d'une pieuse reine durent être prononcées aussi par bien des cœurs au jour où les cendres inanimées de Geneviève parcoururent les rues de la capitale pour aller s'enfermer dans le tombeau qui les attendait ! Les malheureux qu'elle avait nourris, les faibles qu'elle avait soutenus, les malades guéris par ses prières, les affligés consolés par ses douces et puissantes paroles, les vierges dont elle était la mère, que de voix pour répéter aussi : Nous avons perdu notre meilleure amie et notre ange consolateur. Sans doute l'Église déploya toute sa magnificence pour honorer celle que le Roi des rois avait mise en honneur. Les prêtres revêtus de leurs ornements les plus beaux, les jeunes lévites balançant les urnes des parfums sacrés, entourant le corps de la vierge du Seigneur et chantant les louanges du Dieu qui couronnait ses vertus, les hommes de la solitude quittant la retraite de leurs monastères pour augmenter la splendeur de la cérémonie, les tapis magnifiques et les draps de lin tapissant les maisons, cette foule recueillie et prosternée pour vénérer le corps de l'illustre bienfaitrice de la grande cité, ce concours innombrable de guerriers et de citoyens rassemblés en l'honneur d'une pauvre bergère, tout devait ravir les regards et glorifier la servante du Seigneur; mais les larmes et les regrets de tous les infortunés dont elle avait soulagé la misère furent à la fois son éloge le plus magnifique et la plus touchante pompe de ses obsèques.

Bientôt la puissance de Dieu manifesta la gloire de sa servante; un nombre considérable de miracles s'opérèrent à son tombeau. L'huile de la lampe que la piété avait allumée devant les pieux restes de Geneviève brûle sans se consumer. A ce premier prodige d'autres succèdent sans interruption. Les malades s'approchent des saintes reliques, et ils sont guéris; les aveugles prennent avec respect un peu de l'huile miraculeuse qui éclaire le sépulcre de la sainte, et la lumière leur est rendue. Les boiteux, les sourds éprouvent sa vertu salutaire, et nulle infirmité ne résiste à sa puissante onction.

Célèbre par les miracles qui s'y opèrent, le tombeau de sainte Geneviève devint bientôt magnifique. Entre les pieuses personnes qui voulurent contribuer à son embellissement par leurs libéralités, les mémoires du temps se plaisent à citer saint Éloi, qui l'orna de plusieurs ornements en or, en argent et en pierreries.

XVII.

Sous le règne de Louis le Débonnaire, la ville
de Paris fut inondée par un débordement des eaux
de la Seine qui remplit toutes les églises. Inchade,
alors évêque de Paris, envoya des clercs chercher
un lieu commode où l'on pût sans danger rassembler le peuple et célébrer les saints mystères
pour fléchir la colère du Seigneur. Un de ces clercs,
nommé Richard, se rendit à ce monastère de vierges
qui avait été fondé par sainte Geneviève, et qui fut
nommé depuis les Audriettes, afin de savoir si là
on pourrait exécuter le pieux dessein de l'évêque.
On y conservait religieusement le lit où couchait
l'humble vierge. Quelle fut la surprise de Richard
en voyant que les eaux dont la chambre était
inondée formaient comme une voûte autour de
cette couche virginale et semblaient par respect
n'oser en approcher. Il se hâta d'aller instruire
l'évêque du miraculeux spectacle qu'il venait de
voir. Inchade, à son tour, voulut en être le témoin,

et, croyant que Dieu daignait témoigner par ce miracle que le salut de la cité serait dû à l'intercession de Geneviève, il ordonna des prières publiques en son honneur, et peu de jours après la rivière rentra dans son lit.

Les Normands, peuple barbare, avide de sang et de pillage, vinrent fondre sur la France comme un fléau de Dieu, et portèrent dans toutes ses provinces la misère, l'incendie, la désolation et la mort. Dans leur cupidité sacrilége, ils livraient aux flammes les reliques des saints pour s'emparer des châsses précieuses où elles étaient renfermées. Ils s'avancent jusque près des murs de Paris. Alors les pieux lévites qui gardaient le corps de sainte Geneviève tremblent pour leur trésor. L'église n'est point protégée par les murailles de la ville : qui défendra la châsse sainte contre la fureur des Normands ? Ministres d'un Dieu de paix, les gardiens de Geneviève n'ont à leur opposer que leurs prières et leurs larmes. Ils fuiront et mettront ce dépôt précieux à l'abri de toute atteinte dans un lieu moins exposé à la rage des sacriléges ennemis ; ils l'emportèrent en effet de Paris, et le conduisirent à Athys, puis à Draveil, lieux qui tous deux dépendaient de leur Église.

La paix ayant été faite avec les barbares, les saintes reliques furent rapportées à Paris et placées non plus dans le caveau, mais dans l'église, sous l'autel même des saints apôtres.

Elles n'y demeurèrent pas longtemps ; les mêmes peuples, conduits par un chef belliqueux, enhardis par l'indolence de Charles le Gros, viennent encore ravager la France. Leur irruption imprévue livre tout à leur courage barbare, et bientôt ils sont sous les murs de Paris. Abandonnée par son souverain, décimée par la faim et la misère, l'héroïque population de cette cité, soutenue par le courage immortel de Gosselin, son évêque, et du comte Eudes, son gouverneur, en défend les murs avec une valeur qui semble surnaturelle. La crainte pourtant s'empare des lévites qui veillent sur les dépouilles de Geneviève; ils ont résolu de les soustraire à la cupidité des Normands et de les transporter au village de Marisy, dépendant de leur Église, et situé sous la tour de la Ferté-Milon qui passait pour une place imprenable.

En apprenant cette résolution, les Parisiens font éclater leur douleur, il semble que le corps de Geneviève soit pour eux ce qu'était au peuple d'Israël l'arche de l'antique alliance, et qu'avec lui va fuir leur espérance dernière. La foule se précipite vers le temple où sont renfermées les précieuses reliques. Elle les voit sortir des voûtes de l'antique cathédrale, portées sur les épaules des jeunes élèves du sanctuaire, et suivies par les vieillards blanchis à son ombre. Ils pleurent en pensant aux anciens jours, et les Parisiens mêlent leurs larmes à leurs pleurs, leurs vœux à leurs prières. On ne chante point les louanges de la vierge de Nanterre, on les murmure à voix basse. Quelques flambeaux seulement éclairent cette marche silencieuse; on retient ses soupirs, on étouffe ses sanglots, comme s'ils devaient éveiller l'ennemi campé non loin du lieu de cette scène; mais on prie avec confiance, on invoque Geneviève; on se dit que naguère elle sut préserver Paris de la rage du roi des Huns. L'enfant avec son innocence, le vieillard avec son repentir, tous prient, tous implorent, et les prêtres sont bien loin déjà, que la foule est encore prosternée.

Dieu entend ces cris d'une confiance inébranlable en l'auguste protectrice qu'il a donnée lui-même aux Parisiens, et ne veut pas qu'ils soient poussés en vain. Par un dernier effort, les habitants de la cité vont essayer de vaincre; Geneviève prie, et les barbares sont vaincus. Ils eussent été anéantis, si la lâcheté de Charles le Gros n'eût mieux aimé acheter une paix honteuse que combattre avec gloire.

Alors les chanoines de Sainte-Geneviève rapportèrent en triomphe les reliques de la sainte patronne. Elles furent accompagnées par un clergé nombreux et firent diverses stations où de grands honneurs leur furent rendus. Enfin elles traversèrent la Seine dans une barque préparée à cet effet, accompagnée de tout le clergé et de tout le peuple de Paris, qui s'étaient rendus au-devant d'elle à une grande distance. Durant cette marche triomphale, l'air retentit des louanges de Geneviève, il est embaumé de l'encens brûlé en son honneur; et pour ajouter à la gloire de sa servante, Dieu veut que tous les lieux où passe son saint corps puissent révéler sa puissance : les miracles se multiplient, et nulle misère n'a crié en vain vers la vierge dont elle implore le secours.

Les saintes reliques sont de nouveau placées dans l'église des saints apôtres, et la reconnaissance et la douleur pourront à l'avenir y offrir un tribut d'actions de grâces ou y murmurer la prière de l'espérance. La protectrice de Paris ne quittera plus ses murs. Les siècles s'écouleront, et de nouveaux bienfaits, toujours demandés et toujours obtenus, attesteront la puissance et la charité de Geneviève envers ceux qui placent en elle leur confiance et leur espoir.

Vers le XIe siècle, on vit s'introduire en France l'usage de tirer les cendres des saints du tombeau qui les renfermait, ou de dessous les autels, pour les mettre dans des châsses que l'on exposait à la vénération des peuples. On leva donc le corps de sainte Geneviève du lieu où il était placé, pour le mettre dans une de ces châsses, et on le mit en un lieu où il pût être vu de tout le monde et recevoir les hommages de tous. Ce fut de là que coulèrent sur la capitale et les provinces de France ces torrents de bénédictions et de grâces dont toutes les histoires des temps ont consacré le souvenir.

Depuis ce moment la châsse de sainte Geneviève devint le rendez-vous de tous ceux qui avaient à obtenir du ciel une faveur signalée. Le riche, exaucé dans sa prière, montrait sa reconnaissance en ornant le tabernacle qui renfermait ces précieuses reliques de pierreries éclatantes; le pauvre, dont elle avait entendu la plainte, suspendait à la muraille l'humble *ex-voto* qu'avait promis sa foi, et tout disait la puissance et la bonté de la sainte patronne de Paris.

De temps à autre, quand une calamité publique menaçait la patrie ou venait fondre sur elle, on descendait la châsse de la sainte, et on la portait processionnellement pour l'opposer comme bouclier aux traits de la colère du Seigneur.

La première de ces processions fut celle qui se fit en 1129 sous le règne de Louis VI, dit le Gros : le cri des abominations de la cité était monté jusqu'au trône de Dieu, et il versa sur les Parisiens la coupe de sa colère. Un feu, allumé dans la fureur du Très-Haut, descendit à sa voix sur les habitants de la ville coupable, et les consumait par son ardeur. Riches, pauvres, nobles, artisans, tous furent atteints, consumés jusque dans la moelle des os ; les victimes de ce mal cruel faisaient retentir l'air de leurs douloureux gémissements ; elles tordaient avec effort ces membres qui, naguère voués à l'iniquité, étaient maintenant frappés par la justice divine, et dont nul secours humain ne pouvait guérir   douleurs. Ces douleurs réveillent la foi : les Parisiens, réduits à un état déplorable, confessent la puissance du Seigneur, et courent à leur évêque pour le consulter sur les moyens d'arrêter le fléau. Le prélat, certain qu'il est le châtiment de leurs péchés, ordonne des jeûnes, des processions et des prières pour fléchir le ciel ; mais le ciel reste d'airain, et la mort chaque jour compte de nouvelles victimes.

Étienne, le premier pasteur de ce troupeau désolé, ne quitte point le sanctuaire. C'est au pied des autels que se passent, pour lui, et les nuits et les jours; il arrose de ses larmes le pavé du temple, il s'offre comme victime pour ses ouailles et supplie le Seigneur de retirer le bras de sa vengeance et de faire luire le jour de sa miséricorde. Là, dans la solitude et le silence, une voix parle à son cœur, c'est celle de Dieu, il n'en peut douter.

Cette voix a semblé murmurer à son oreille un nom qui toujours fut mêlé, dans les actions de grâces des misérables qui l'invoquèrent, à celui du Dieu trois fois saint et puissant. Étienne se souvient, en l'entendant, que l'humble bergère qui le portait fut toujours l'ange tutélaire de la grande ville que la main du Seigneur a frappée. Il se lève, assemble son clergé, et le conduit sur la montagne où repose le corps de celle qui fait maintenant toute son espérance; il conjure les chanoines qui en sont les gardiens de faire descendre ce saint corps, afin qu'il soit porté en procession au milieu des rues désertes et désolées. Partageant eux-mêmes l'émotion du vénérable prélat, les chanoines consentent à sa demande avec joie et conviennent avec lui du jour. On ne veut de délai que le temps indispensablement nécessaire pour tout préparer dignement, et bientôt la ville entière est instruite de la pieuse résolution que vient de prendre son saint prélat.

La nuit qui précéda ce jour tant désiré, on

descendit la châsse de l'illustre sainte, tandis que le clergé et les assistants prosternés imploraient avec ferveur la miséricorde infinie du Dieu de Geneviève.

L'aurore paraît enfin. L'évêque et le clergé de Notre-Dame sortent de la cathédrale et viennent avec la châsse de saint Marcel chercher celle de sainte Geneviève. Les deux clergés se mêlent, la voix mâle et sonore des chantres fait retentir les airs et monte vers le ciel avec des flots d'encens. Une foule innombrable encombre tous les lieux que la procession doit parcourir. Sur les pâles visages des habitants de Paris, on lit à la fois la souffrance et l'espoir. Malades, mourants, tous sont là : ceux dont la force a trahi le courage se sont fait porter sur le passage des précieuses reliques. Elles paraissent ! Un faible cri s'échappe de ces poitrines dont la vie est près de s'enfuir. Ces mains desséchées par un feu vengeur s'élèvent vers leur protectrice ! O prodige ! ô puissance de la foi ! à mesure que la châsse parcourt les flots de cette multitude de créatures plus semblables à des spectres qu'à des hommes, à mesure qu'elle frappe leurs regards, une guérison miraculeuse s'opère. Tous sont délivrés de leurs maux : ces feux qui les dévoraient il n'y a qu'un moment, sont éteints, et la santé est rendue à des milliers de victimes déjà marquées par la mort ! Trois seulement ont douté, trois demeurent dans l'état pitoyable qui tout à l'heure était le partage de tous, et leurs cris de rage, étouffés bientôt par les acclamations de la reconnaissance, proclament aussi à la manière des démons la puissance du nom de Geneviève.

Touché d'un miracle si grand et si visible, le peuple de Paris voulait retenir dans ses murs les saintes reliques qui l'avaient opéré; mais l'autorité des magistrats arrêta les efforts d'un zèle indiscret, et le précieux fardeau fut reporté dans l'église où il était resté jusqu'alors.

Le pape Innocent II, étant venu à Paris l'année suivante, fut si touché du récit qu'on lui fit de ce miracle, qu'il ordonna que la mémoire en fût célébrée chaque année sous le nom de Sainte-Geneviève du Miracle-des-Ardents. Cette fête se célèbre le 26 novembre.

Une cruelle inondation désola Paris sous le règne de Philippe-Auguste. La châsse fut descendue, et à la vue des saintes reliques, la Seine, comme frappée de respect, rentra dans son lit; et à peine la châsse eut-elle repassé le Petit-Pont pour retourner à son église, après la célébration des saints mystères à Notre-Dame, que les arches ébranlées par la violence des eaux s'écroulèrent et entraînèrent dans leur chute le pont qui n'avait été soutenu jusqu'alors que par un miracle (1206).

Sous le règne de saint Louis, pour une pareille calamité, on employa le même remède, et avec autant de succès. Lorsque la châsse sortit, une colombe parut et voltigea au-dessus des saintes reliques jusqu'au moment où elles entrèrent dans Notre-Dame.

Alors l'aimable messagère de paix se reposa sur la tête d'un ange placé sur le portail ; mais dès que la châsse reparut, elle reprit son vol et la suivit. Lorsqu'enfin elle fut rentrée dans son église, la colombe agita ses blanches ailes et fendit les airs à la vue de tout le peuple qui s'était arrêté pour la considérer (1233).

Robert, comte d'Artois, frère de saint Louis, étant tombé dangereusement malade, le roi fit demander qu'on voulût bien descendre la châsse, et le jour même que la procession eut lieu, le prince recouvra la santé. Il se fit toujours gloire de publier qu'il était redevable de cette faveur à la puissante intercession de sainte Geneviève, et conserva toute sa vie une tendre dévotion pour son auguste bienfaitrice (1239).

Si les moissons languissaient, privées de l'eau nécessaire à leur croissance, si les fruits ne pouvaient mûrir, on avait recours à sainte Geneviève, une procession était ordonnée, et le temps favorable venait donner à tout la vie et l'abondance. O foi de nos pères ! quelle précieuse source de grâces on a tarie en vous enlevant à nos cœurs ! On dit aujourd'hui que vos merveilles étaient le fruit de l'ignorance et de la simplicité ; mais en recueillant vos bienfaits, en recevant les dons que vous faisiez éclore, n'était-on pas plus heureux que ne le sont aujourd'hui l'impie qui vous outrage et l'indifférent qui vous méprise ?

XVIII.

Les rois de France eurent tous pour sainte Geneviève une pieuse et tendre dévotion. Charles le Sage assistait en personne aux processions de sa châsse, qu'il ordonna plusieurs fois, et il voulut que tous les ecclésiastiques tant séculiers que réguliers y assistassent les pieds nus, comme le faisait déjà le clergé de Sainte-Geneviève.

Qui n'aime cette pieuse légende qui fait apparaître la vierge de Nanterre à la bergère de Vaucouleurs pour lui donner, au nom de Dieu, une mission sublime, celle de sauver le roi et la France? Jeanne, l'aînée des filles de Jacques d'Arc et d'Isabelle Romée, sa femme, Jeanne, comme notre sainte, avait reçu le jour dans un hameau ; comme elle, sa science unique était l'amour de Dieu, de la solitude et de la prière ; comme Geneviève, cachée aux regards humains, elle gardait dans les plaines de Domremy le docile troupeau de son père ; et comme elle aussi, elle devait faire de grandes choses par la force du Tout-Puissant, qui l'avait choisie.

On dit que sainte Geneviève apparut plusieurs fois à la jeune bergère pour lui ordonner d'arracher la France au joug flétrissant de l'étranger. Oh ! comme elle devait aimer cette modeste hésitation qui arrêtait les pas de Jeanne ! Comme elle lui parlait avec douceur pour l'encourager à accomplir la destinée brillante que lui confiait la volonté du Seigneur ! Comme aussi elle lui peignait avec force les maux de leur commune patrie ! Qu'elle savait bien exalter à Jeanne la gloire qui rejaillirait sur elle en la délivrant ! Vaincue par ces pieuses visions, la jeune vierge quitte sa houlette, elle ceint le glaive des guerriers ; Geneviève prie, et Charles VII vainqueur reçoit à Reims l'onction sacrée qui avait fait de Clovis le premier roi chrétien, au temps où la bergère de Nanterre coulait en France les jours de son pèlerinage.

Jeanne avait payé de sa vie sa gloire et sa fidélité ; et les Anglais disputaient à Charles VII une partie de l'héritage de ses pères. Meaux était au pouvoir des ennemis, et ils empêchaient qu'on apportât, de ce côté, les vivres nécessaires à Paris. On eut recours à sainte Geneviève. Encore cette fois on ne l'invoqua pas en vain. La ville fut prise, et peu de temps après, Paris ouvrit ses portes au monarque victorieux qui avait délivré la France des étrangers et de leur joug honteux.

Sous François Ier, une ligue entre l'empereur Charles-Quint, Henri VIII, roi d'Angleterre, et les principaux princes de l'Europe, mit la France à deux doigts de sa perte. Ne voyant de secours qu'en Dieu, on eut recours à lui par l'intercession de sainte Geneviève. La châsse fut descendue et portée en procession avec les honneurs ordinaires. La sainte patronne couvrit la France de sa protection, et les ennemis se retirèrent après s'être présentés partout, comme si une invisible main les eût éloignés du royaume.

Ce même prince, ayant fait faire une procession solennelle pour réparer les outrages faits à Dieu par les hérétiques, voulut que la châsse de sainte Geneviève y fût portée; lui-même rehaussa par sa présence royale la beauté de cette cérémonie expiatoire.

Sous Henri II, la châsse de la sainte fit encore partie d'une procession que le roi ordonna en l'honneur du très-saint sacrement outragé par les hérétiques. Les ordres mendiants marchaient les premiers; après eux venaient les ecclésiastiques et bénéficiers des églises paroissiales et collégiales de Paris, tous revêtus de chappes magnifiques et portant les reliques de leurs églises. Les chanoines de Notre-Dame et ceux de Sainte-Geneviève les suivaient avec les châsses de la sainte et de saint Marcel. Le clergé de la sainte Chapelle marchait au milieu , et le recteur et les membres de l'Université en habit de cérémonie , un cierge à la main , suivaient immédiatement le clergé. Puis venaient les suisses de la garde du roi et les gentilshommes de sa maison , portant d'une main leurs armes et de l'autre un flambeau de cire blanche. Des évêques et des abbés , portant les reliques insignes de notre Seigneur Jésus-Christ , marchaient après eux , suivis des cardinaux en chappes violettes. Enfin , sous un dais brodé d'or et de perles , dont les bâtons étaient portés par quatre princes de la famille royale , apparaissait le saint sacrement , que tenait le cardinal de Guise. Derrière le dais marchaient , immédiatement le roi , le cardinal de Lorraine , la reine Catherine de Médicis , et tous les seigneurs et dames de la cour , portant à la main un flambeau de cire blanche. Ils étaient suivis du grand chancelier, des maîtres des requêtes, de la cour du parlement ; la chambre des comptes , la cour des aides , le prévôt des marchands , les échevins , les plus notables bourgeois , tous en habit de cérémonie , suivaient avec recueillement , et la procession était fermée par les archers , portant chacun une torche aux armoiries de France. Cette cérémonie eut lieu le 4 juillet 1549.

Une procession semblable fut faite sous le roi Charles IX , en expiation d'un horrible sacrilége et de meurtres comnis en l'église de Saint-Médard par les protestants (1562).

Un apostat , dans son zèle pour l'hérésie , ayant arraché la sainte hostie des mains d'un prêtre qui célébrait la messe dans l'église de Sainte-Geneviève, et l'ayant foulée aux pieds, le roi, la reine, les princes et les princesses, les cardinaux, tous les seigneurs de la cour vinrent au lieu où Dieu avait été si indignement outragé, suivant le saint sacrement que portait l'évêque de Paris, et portant à la main un cierge expiatoire (1563).

Le même prince ordonna une descente de la châsse, à cause du mauvais temps qui ruinait l'espérance des récoltes. Durant cette procession, une étoile brillante demeura sur la châsse de notre sainte pendant un grand quart d'heure. Le temps changea tout à coup, et cette année fut marquée par une abondance extraordinaire (1566).

Les victoires de Jarnac et de Moncontour furent dues à l'intercession puissante de sainte Geneviève, et le roi, par reconnaissance, ordonna qu'une procession générale serait faite à l'église où se gardaient les reliques de la sainte, pour y rendre grâces à Dieu (1570).

Henri III, en diverses occasions, donna des preuves de sa vive confiance en l'auguste patronne de Paris, et les actions de grâces qu'on lui rendit dans son temple par l'ordre de ce monarque, prouvent que le succès couronna ses espérances (1587).

Henri IV ordonna une procession de Notre-Dame à Sainte-Geneviève pour rendre grâces à Dieu, par elle, du bienfait de l'absolution qu'il avait obtenue de Rome, et une autre pour la prise d'Amiens sur les Espagnols. Enfin, en 1606, pour les biens de la terre menacés par une sécheresse telle qu'on n'en avait point vu depuis longtemps, on fit une procession avec la châsse de notre sainte. Comme elle remontait la montagne de Sainte-Geneviève, elle fut rencontrée par une chaîne de galériens. Un de ces malheureux, se jetant à genoux, supplia la sainte de le délivrer, ou de lui obtenir la patience pour supporter ses maux. Ses chaînes se rompirent à l'instant, et le roi, ayant su ce miracle, accorda la grâce de l'infortuné que sa foi avait si heureusement servi.

XIX.

Sous le règne de Louis le Juste , Benjamin de Brichanteau , abbé de Sainte-Geneviève , résolut de faire réparer la châsse de cette sainte ; les processions que les malheurs des siècles précédents avaient rendues si fréquentes avaient occasionné de grands dommages à cette châsse , et Dieu inspira sans doute au pieux abbé la pensée de la faire mettre en état , afin de manifester la confiance et la dévotion que plusieurs personnes de haut rang conservaient dans leur cœur pour l'illustre patronne de Paris (1614).

En effet, on lui fit hommage en cette occasion de riches présents en diamants , émeraudes et autres pierres précieuses. La reine Marie de Médicis donna un magnifique bouquet de diamants qui fut placé en haut de la châsse. Madame la duchesse de

Savoie fit présent d'une croix d'or chargée de sept turquoises d'une grosseur extraordinaire, et tous ces dons réunis firent de la châsse où étaient renfermés les saints ossements d'une pauvre bergère, un des plus beaux et des plus riches reliquaires du monde.

Louis le Juste intéressait sainte Geneviève en toutes les affaires qu'il avait à cœur, et pour prouver sa reconnaissance des grâces qu'il avait obtenues par son intercession, il fit présent au cardinal de la Rochefoucauld, abbé de Sainte-Geneviève, de deux colonnes en jaspe pour supporter la châsse de la sainte.

Louis XIV était si intimement persuadé qu'il devait la vie aux prières de sainte Geneviève, ayant recouvré la santé à la fin d'une neuvaine solennelle qu'on avait faite pour sa guérison, que, la reine son épouse étant tombée malade, et le danger ne cédant point aux remèdes ordinaires, il demanda la descente de la châsse. Il l'obtint, et plusieurs processions se firent pour demander à Dieu la grâce tant désirée ; le roi lui-même y vint plusieurs fois, la reine-mère s'y rendit aussi, et, à leur exemple, les cardinaux, les évêques, les princes y vinrent joindre leurs vœux aux prières d'un peuple dont l'amour alarmé implorait du ciel la conservation d'une souveraine chérie (1664).

L'Allemagne, l'Angleterre, l'Espagne et presque toutes les puissances de l'Europe, jalouses de la gloire où la France était parvenue, se liguèrent pour abaisser sa grandeur. Aux désastres inévitables d'une guerre longue et sanglante, se joignit le fléau d'une horrible famine. En vain Louis le Grand, dans sa paternelle sollicitude, faisait donner du pain à un prix bien au-dessous de celui qu'il coûtait dans les marchés, sa charité ne pouvait remédier à une misère devenue générale, et les blés se desséchant faute d'eau l'année suivante, la crainte et la désolation s'emparèrent de tous les cœurs.

Plein de confiance en leur sainte patronne, les Parisiens, que tant de fois elle avait secourus, vinrent en foule à l'église où reposaient ses précieuses reliques, et lui exposèrent leurs besoins avec toute la simplicité d'une foi vive. Les habitants des villages circonvoisins se joignirent à ceux de la capitale et vinrent aussi, portant sur leurs visages hâves et pâles le témoignage de leur misère, implorer la protection de la puissante bergère.

Ce mouvement général du peuple de la ville et des campagnes inspira au prévôt de Paris la pensée de demander à messieurs de Sainte-Geneviève que la châsse fût découverte, et qu'on en fît la descente et la procession, si la sécheresse continuait. Le même jour l'abbé fit découvrir la châsse, d'après l'arrêt du parlement, et les jours suivants toutes les paroisses de Paris vinrent faire leur station aux pieds de la sainte patronne de la capitale.

Ce fut un spectacle bien touchant de voir tous les pauvres des paroisses, conduits par leurs dames de charité, venir supplier sainte Geneviève et la conjurer de présenter à Dieu ces prières de l'indigent qu'il ne rejette jamais ! Les pauvres des hôpitaux y vinrent aussi, divisés en plusieurs classes et distingués par de petits drapeaux qu'ils portaient. Les plus petites filles ouvraient la marche, les plus grandes venaient ensuite, puis les garçons, les hommes et enfin les femmes. Tous étaient vêtus fort proprement; ils marchaient quatre sur la même ligne et chantaient des hymnes et des cantiques, mais d'un ton si touchant et si triste, qu'ils arrachaient des larmes à tous ceux qui les entendaient.

Toutes ces prières semblant impuissantes à fléchir le ciel, le roi ordonna la descente de la châsse; la veille du jour choisi, il y eut un jeûne de commandement dans tout Paris.

A minuit, les religieux se rendirent au chœur et récitèrent les heures canoniales; ensuite ils montèrent nu-pieds sur les degrés, et se prosternèrent la face contre terre, pendant que l'abbé, revêtu de ses ornements pontificaux, commença les psaumes de la pénitence, qui furent continués d'un ton grave et lugubre par les assistants. Malgré les précautions prises pour ne laisser entrer personne, une foule innombrable remplissait la vaste basilique, joignant ses vœux et ses larmes aux supplications des religieux. Le chœur récita le *Confiteor*, et l'abbé, tenant sa main étendue, prononça l'absoute, ainsi qu'il était marqué au rituel de Sainte-Geneviève.

Deux chanoines en étole montèrent à la châsse pour la descendre, et quatre des plus anciens de la communauté la reçurent et la portèrent sur l'autel de Sainte-Clotilde, au bruit des orgues et de six trompettes qui continuaient un répons entonné au chœur par le chantre. L'abbé vint encenser et baiser les saintes reliques, et fut suivi par tous ses religieux, par les lieutenants criminel et civil, les avocats et procureurs du roi au Châtelet, qui prirent alors la châsse en leur garde, s'engageant par acte dressé à ne la point perdre de vue.

La grand'messe fut célébrée pontificalement par le père abbé, et tous les chanoines, prêtres ou non prêtres, y communièrent de sa main. Peu d'heures après commença la procession.

Les Cordeliers, les Jacobins, les Augustins et les Carmes, portant des châsses et des reliquaires, ouvraient la marche, et après eux marchaient les confrères de Notre-Dame de Bonne-Délivrance, nu-pieds, vêtus d'aubes blanches et couronnés de fleurs; les prêtres de l'Oratoire, les Bénédictins, les églises collégiales, les églises de Saint-Honoré, le clergé de Saint-Germain-l'Auxerrois, celui de Saint-Marcel, suivaient avec leurs croix et leurs reliques; puis vinrent les bannières des quatre églises de la filiation de Notre-Dame, et celle de Notre-Dame même, suivies des enfants de chœur, des clercs bénéficiers et chanoines de ces églises, qui prirent la gauche. Les bannières de Saint-Médard et de Saint-Étienne de la filiation de Sainte-Geneviève, aussi suivies de leur clergé, prirent la droite; les croix de toutes ces églises précédaient les châsses de sainte Aure et de saint Bruno.

Les croix de Sainte-Geneviève et de Notre-Dame

venaient ensuite, et après elles, les châsses de
saint Marcel et de sainte Geneviève : la première,
portée par les orfévres en habits et manteaux noirs,
ayant sur la tête des couronnes de fleurs ; la seconde, par les membres de la confrérie dite des
Porteurs de Sainte-Geneviève, vêtus de longues
aubes blanches, nu-pieds, ayant à leur ceinture un
chapelet blanc et des couronnes de fleurs sur la
tête. Dès que la châsse de l'illustre patronne de
Paris eut dépassé le portail de son église, un cri de
joie et de confiance s'éleva vers le ciel, et la multitude tomba spontanément à genoux. Puissance de
la foi, espoir touchant en la bonté du Seigneur,
les vains et froids sophismes de l'impiété ont-ils
jamais donné au cœur qu'ils glacent le délicieux
sentiment dont en ce moment vous remplissiez les
âmes !

Après les châsses marchaient les chanoines de
Notre-Dame, à gauche ; ceux de Sainte-Geneviève,
au nombre de cent quarante, à droite ; tous nu-
pieds et chantant seuls durant tout le cours de la
procession. L'archevêque de Paris et l'abbé de
Sainte-Geneviève, vêtus pontificalement, venaient
après leur clergé et donnaient leur bénédiction à
la foule prosternée. La cour du parlement, composée de deux cents conseillers en robes rouges,
la cour des aides, la chambre des comptes, le prévôt des marchands, les échevins et autres officiers
de la ville, terminaient ce magnifique cortége.

De toutes les croisées des rues où il passa, s'é-
chappaient comme des nuages de fleurs qui tom-

baient sur la châsse de la sainte patronne. Tous les cœurs étaient émus, toutes les bouches murmuraient des prières, et la pompe des cérémonies, en rehaussant la gloire de Geneviève, donnait un nouveau degré de force à la confiance et à l'espoir. Le roi, la reine d'Angleterre, Monsieur, frère du roi, Mademoiselle, et tous les princes et seigneurs de la cour se trouvèrent sur le Petit-Pont, pour honorer les saintes reliques. La messe fut célébrée à la cathédrale, on chanta l'antienne *Domine, non secundum* et le *Salve Regina*, puis la procession se remit en marche dans le même ordre pour reconduire la châsse de sainte Geneviève. Cette pieuse et touchante cérémonie ne fut achevée qu'à sept heures du soir.

La confiance en celle que tant de fois déjà on avait invoquée avec succès ne fut point trompée. Un petit nuage se fit voir au ciel depuis si longtemps constamment serein, la pluie tomba bientôt en abondance dans plusieurs quartiers de Paris, et l'abbé de Sainte-Geneviève, qui terminait la procession, eut à peine mis le pied dans son église, que la pluie tomba dans tous les lieux qu'elle venait de parcourir, comme si la main de Dieu l'eût retenue jusqu'à ce moment, et qu'il lui permît de percer les nuages maintenant que l'auguste cérémonie était achevée. Les biens de la terre reprirent vie, et la récolte fut très-abondante.

Le même jour, le maréchal de Noailles remportait une victoire sur les rives du Ter, et prenait aux confédérés la ville de Gironne.

Plusieurs miracles particuliers augmentèrent la confiance du peuple en la protection de sainte Geneviève ; un entre autres mérite d'être cité. A Senlis, une religieuse dont tous les membres étaient perclus, et que tous les médecins avaient abandonnée, pria les sœurs de la porter au chœur, afin qu'elle pût y vénérer une relique de la bonne sainte que la paroisse de Sainte-Geneviève avait portée processionnellement au monastère. On satisfit son pieux désir, et, ayant baisé trois fois la sainte relique, elle se leva sans aide et sans appui ; courant alors à l'orgue dont elle savait jouer, elle toucha le premier verset du *Te Deum*, comme un hommage de sa vive gratitude et de sa joie.

Le roi, reconnaissant qu'il devait le salut de la France à l'intercession de sainte Geneviève, ordonna des actions de grâces publiques, et souhaita, pour qu'elles fussent plus solennelles, que le saint sacrement fût exposé pendant trois jours dans toutes les églises de Paris. Le concours du peuple fut très-grand, et l'on fut obligé, pour satisfaire sa dévotion, de laisser la châsse découverte.

Le prévôt des marchands et les échevins de Paris ne se contentèrent pas d'avoir assisté en corps à la messe d'actions de grâces que l'abbé de Sainte-Geneviève avait célébrée pontificalement pour se conformer à la pieuse volonté du roi ; ils offrirent à l'église de Sainte-Geneviève un magnifique tableau pour perpétuer la mémoire du signalé bienfait obtenu par l'intercession de l'illustre patronne de Paris.

XX.

Dès l'an 811, la basilique élevée par Clovis en
l'honneur des apôtres saint Pierre et saint Paul
avait pris le nom de sainte Geneviève, ainsi qu'on
le voit dans l'acte d'une donation faite à la cathédrale de Paris. Les siècles avaient passé sur ce
monument antique, il commençait à menacer ruine,
et il était réservé à la piété d'un roi de France d'é-
lever un nouveau temple à la gloire de l'illustre
bergère, comme il avait été donné au premier roi
chrétien d'édifier, par les conseils de Geneviève,
celui où la puissance de ses pieuses reliques devait
éclater.

Louis XV était monté sur le trône qu'avait
illustré Louis le Grand ; il était bien jeune encore,
que déjà son courage avait brillé d'un vif éclat ; la
victoire avait souri à ses premiers essais ; ils
avaient été des triomphes, et les Français, dont
la gloire fut toujours l'idole, aimaient leur jeune
monarque en proportion de ses succès. Sa bonté

naturelle, sa royale simplicité, se trouvant rehaussées par ses qualités militaires, en avaient fait un roi selon leur cœur, et le surnom de Bien-Aimé lui fut donné par la France entière.

Courtray, Menin, Ypres, Furnes, Château-Dauphin étaient tombés au pouvoir des Français, et Louis XV avait ordonné un *Te Deum* solennel en actions de grâces de ces victoires, lorsqu'il se sentit saisi par une fièvre violente, qui, prenant un caractère dangereux, le réduisit bientôt à toute extrémité. Cette nouvelle se répand bientôt dans Paris, et le peuple se livre à la douleur la plus sincère.

— S'il meurt, s'écriait-on dans les carrefours où l'on s'assemblait pour parler de la triste nouvelle, s'il meurt, c'est pour avoir voulu marcher à notre secours.

Les églises, ouvertes la nuit, au moment même de l'arrivée du courrier qui était venu annoncer la maladie du monarque, étaient continuellement remplies par une foule innombrable, qui mêlait ses sanglots et ses pleurs aux larmes du prêtre qui priait pour la santé du roi. Mais c'était surtout dans l'église de leur sainte patronne que les Parisiens se portaient avec empressement. La châsse avait été descendue, et on avait commencé une neuvaine solennelle. Le saint temple voyait ses portiques remplis de personnes de tout rang, de tout âge, de tout sexe, qui se pressaient pour venir conjurer l'illustre bergère qui tant de fois avait sauvé la France, d'éloigner d'elle encore le malheur qui la menaçait, et de fléchir le Roi des rois par ses supplications puissantes. Comme si le jour n'eût pas été assez long au gré de leurs pieux désirs, la nuit encore les surprenait au pied des autels, redoublant, à mesure que le temps s'écoulait, leurs prières et leurs larmes.

Tant et de si touchants vœux ne pouvaient manquer d'attendrir celle que nulle douleur n'avait trouvée insensible. Le roi, qui le 14 août était en danger de mort, se trouva subitement le lendemain, jour de l'Assomption, en un état qu'on pourrait appeler de santé parfaite, en le comparant à celui qui la veille avait causé un si légitime effroi ; il se rétablit en peu de temps, et le mois suivant déjà il volait à de nouvelles victoires.

A peine l'heureuse nouvelle du changement miraculeux qui s'était opéré dans la santé du roi fut-elle reçue, que les plus touchants témoignages de joie succédèrent à ceux de la tristesse. Une ivresse universelle remplissait tous les cœurs. On s'abordait sans se connaître. « Le roi est guéri ! » se disait-on. Le monarque, objet d'une affection si pure, ayant appris ces transports inouïs d'allégresse, s'écria, en essuyant quelques larmes :

— Ah ! qu'il est doux d'être aimé ainsi ! Et qu'ai-je fait pour le mériter ?

Les églises, témoins des supplications qu'adressait au ciel une douleur sincère, le devinrent des actions de grâces que dictait une vive reconnaissance. Celle de Sainte-Geneviève surtout fut plus remplie que toutes les autres, et les Parisiens,

ivres de bonheur, confessaient hautement la
croyance où ils étaient que leur sainte patronne
avait obtenu de Dieu la guérison du monarque bien-
aimé.

Louis XV était persuadé comme son peuple
qu'il devait la vie à la puissante intercession de
sainte Geneviève; il lui rendit et lui fit rendre pour
ce bienfait de solennelles actions de grâces, mais
il résolut en même temps de faire élever en son
honneur un monument plus durable de sa reconnaissance, afin d'attester aux siècles futurs le pouvoir de son auguste bienfaitrice et la gratitude qu'il
avait conçue envers celle qui l'avait sauvé.

Pour atteindre ce but, il voulut faire bâtir en
l'honneur de sainte Geneviève une nouvelle église,
peu loin de celle où reposaient ses cendres depuis
le jour de sa bienheureuse mort. L'architecte Souf-
flot dressa les plans; ils étaient magnifiques et
obtinrent l'approbation de Louis XV. Ce prince
posa lui-même la première pierre de l'édifice sacré
le 6 septembre 1764, et bientôt s'éleva dans les airs
la coupole hardie qui devait offrir aux regards,
dans la capitale de la France, une copie fidèle de
celle qu'on admire comme le plus bel ornement de
la capitale du monde chrétien (1).

« Un poëte ingénieux, dit M. de Feller dans son
Dictionnaire historique, en voyant élever ce superbe édifice au moment où le dépérissement de la
religion devenait de jour en jour plus visible,

----

(1) Saint-Pierre de Rome.

adressa à la Piété, qu'il appelle tardive, pour avoir différé si longtemps l'exécution de ce bel ouvrage, des vers dont voici le sens :

« Un temple grand et auguste s'élève dans la ville royale, édifice digne de la cité et de la vierge qu'elle a adoptée pour patronne. C'est trop tard, ô Piété, que tu édifies de vains honneurs; ces temps ne répondent point à la dignité de tes entreprises; car, avant que tu aies élevé un temple au Seigneur dans la reine des cités, l'impiété proscrira Dieu et dans la ville et dans ses temples. »

Qui n'a su, qui n'a déploré ces égarements et ces crimes dont furent souillées les pages de notre histoire durant une longue et cruelle révolution? Oui, Dieu alors était proscrit, et son culte, celui de ses saints, les pieuses et imposantes cérémonies de notre religion, tout était proscrit avec lui. Des femmes, l'éternel opprobre de leur sexe, la honte de leurs mères, des femmes dont l'orgueil égalait l'impudeur, placées sur les autels du vrai Dieu, voyaient fumer devant elles un sacrilége encens et recevaient les hommages d'un peuple insensé qui vociférait leurs louanges. Oh! ce fut bien alors que la plainte prophétique du poëte reçut son accomplissement. L'auguste édifice n'était point achevé encore, que déjà les âmes pieuses pleuraient leur Dieu, leurs autels, l'antique foi de leurs pères, et que l'impiété s'emparait de son enceinte sacrée, pour y célébrer le culte impur de ses idoles et les fêtes qu'elle inventait pour honorer ses héros.

XXI.

Le vertueux monarque qui succéda à Louis le
Bien-Aimé fit continuer sans relâche les travaux
de la superbe basilique, et lui destinait les plus
magnifiques présents. Sa piété tendre et sincère
souriait d'avance au beau jour où il lui serait
donné, à lui aussi, de payer aux reliques vénérées de l'auguste patronne de Paris cet hommage
de respect et d'amour qu'elles avaient reçu de
tous les rois qui, avant lui, s'étaient plu à lui
offrir tour à tour leurs vœux dans le péril, leurs
actions de grâces après les bienfaits dont sa protection avait comblé leur espérance. Mais, hélas !
pour Louis XVI il n'était point de jours de bonheur. Le sceptre que tenaient ses mains royales
n'avait plus la magique autorité des siècles passés,
les pierreries de sa couronne cachaient de cruelles
épines, et le trône de saint Louis, pour le roi
martyr, masquait les fers et l'échafaud. La religion,
attaquée dans tout ce qu'elle avait de plus saint,

devait bientôt élever en vain ses mains suppliantes vers le Fils aîné de l'Église, impuissant à la défendre, et ses jours de fêtes ne devaient plus être que des jours de deuil.

Des hommes dont le génie superbe ne voulait supporter aucune comparaison, fatigués de trouver dans le siècle précédent des modèles dont ils n'auraient pu surpasser la gloire, avaient résolu de prendre une route nouvelle pour arriver à l'immortalité. Tout ce que le monde avait révéré jusqu'alors, ils le ridiculisent. Ils brisent les liens sacrés qui lient les créatures à leur Créateur, les peuples à leurs souverains, et, sapant les fondements de l'autel et du trône, ils préparent ces catastrophes à jamais mémorables qui les font tomber, pour se garantir eux-mêmes en montant sur leurs débris.

Pour remédier à tous les maux de la France, Louis XVI appelle tous ses sujets autour de son trône ; il veut que leurs conseils éclairent sa bonne foi, que leur concours aide sa volonté : les états généraux sont convoqués, et bientôt, grâce à de perfides menées, n'ayant plus de la royauté que le vain nom, captif dans son propre palais, insulté par les factieux, l'infortuné monarque voit son nom sanctionner des actes que son cœur réprouve. Déjà les hommes puissants qui ont usurpé le pouvoir ont aboli les vœux sacrés de la religion, ils ont abreuvé d'amertume les ministres des autels, et comptent déjà les victimes qu'ils ont su faire immoler, tout en proscrivant d'avance celles que leur haine voue aux supplices ! Comme pour donner un nouveau lustre à ses victoires de chaque jour, l'impiété triomphante veut qu'un de ses héros usurpe la place destinée à l'auguste patronne de la capitale. Le 4 avril 1791, un décret de l'assemblée nationale donne à la sainte basilique le nom d'un temple du paganisme. On l'appellera Panthéon, et ses murs recevront les dépouilles mortelles des grands hommes auxquels la patrie décernera cet honneur.

Par suite de ce décret, qui ouvrait un vaste champ aux profanations, on résolut d'ouvrir les portes du temple sacré au plus mortel ennemi de la religion, à l'impie qui l'avait outragée, déchirée, à cet homme dont le vœu le plus cher était d'écraser cette religion qu'il appelait l'infâme, à Voltaire enfin !

La pompe païenne déploie toute sa magnificence. Une députation de la municipalité de Paris se rend à la barrière de Charenton pour chercher le cadavre du coryphée des philosophes modernes. Un char de forme antique porte le sarcophage ; il est orné de branches de chêne et de laurier, où brillent entrelacés les myrtes, les roses et l'humble fleur des champs. La statue de l'homme à qui ces honneurs insensés sont rendus est portée devant le char par des hommes habillés à l'antique, et autour de ce char, sur lequel, à côté du cadavre, on avait placé un coffre d'or contenant ses œuvres, marchaient les gens de lettres conviés à cette cérémonie dérisoire.

Sur le sarcophage on lisait : *Il vengea Calas, La Barre, Sirven et Montbailly. Poète, historien, philosophe, il a fait prendre un grand essor à l'esprit humain, et nous a préparés à devenir libres.*

Sur les deux côtés du char on avait écrit ces deux vers de Voltaire :

> Si l'homme a des tyrans, il doit les détrôner ;
> Et si l'homme est né libre, il doit se gouverner.

Douze chevaux gris blanc, quatre de front, traînaient le char. Le cortége suit les boulevards pour gagner la place Louis XV, mais il s'arrête vis-à-vis l'Opéra. Là les acteurs de ce théâtre, dignes ministres d'un tel culte et d'une pareille idole, couronnèrent de lauriers la statue de l'homme à qui l'on rendait les honneurs de l'apothéose, et chantèrent un hymne en son honneur.

De la place Louis XV on suivit le quai des Tuileries, et, traversant le Pont-Royal, le cortége s'arrêta quelques moments sur le quai nommé depuis quai Voltaire, devant la maison où cet homme était mort. On y avait planté quatre peupliers et placé cette inscription :

> Son esprit est partout, et son cœur est ici.

Le cortége reprit bientôt sa marche, fit encore une station devant le théâtre de l'Odéon, et arriva enfin à dix heures aux portes du temple saint dont il allait souiller les murs.

La religion désolée avait voilé son front, et pourtant une foule curieuse sanctionnait par sa pré-

sence l'acte impie qui faisait couler ses pleurs !
Les temples où la prière eût dû monter en expiation vers l'Éternel, les temples sont déserts. Les
Parisiens, comblés tant de fois des bienfaits de
sainte Geneviève, si jaloux naguère de sa gloire,
se pressent dans les rues pour contempler le cortége impie ! Ils sont en habits de fête, ils applau-
dissent à la cérémonie sacrilége qui ravit à leur
sainte patronne la demeure que peu d'années auparavant ils voyaient avec tant de joie s'élever
pour recevoir ses cendres vénérées ! O honte ! ô
douleur !

Nouveau Chrysostôme, Monseigneur de Jui-
gné, alors archevêque de Paris, ne manqua pas
d'élever la voix pour se plaindre d'une si horrible
profanation.

— Un magnifique monument élevé par la piété
de nos rois et le vœu de tous les citoyens en l'honneur de la sainte patronne de Paris, s'écrie le
pieux prélat dans sa douleur, est converti en un
temple païen ! Le nom du vrai Dieu qui se lisait
sur son frontispice en a disparu, et les cendres
des plus cruels ennemis de la religion sont en
possession de la place où la religion elle-même
devait déposer la dépouille mortelle d'une vierge
sainte, objet de la vénération publique depuis
l'établissement de la monarchie, et dont la capitale a tant de fois éprouvé la puissante protection ! Ne semble-t-il pas, grand Dieu, que nous
soyons reportés au temps de ces barbares, ido-
lâtres ou hérétiques, qui démembrèrent l'empire

romain après l'avoir couvert de ruines, au temps des Goths et des Vandales qui laissaient partout sur leur passage des traces de leur férocité ou de leur fanatisme ?

Hélas ! ces barbares, c'étaient des Français ! Ces impies, c'étaient des chrétiens !

Le sanctuaire de Sainte-Geneviève avait été profané. L'irréligion avait spolié son autel, mais c'était encore trop peu pour la haine des hommes qui avaient osé s'attaquer à Dieu. Non loin de l'enceinte sacrée qu'ils avaient envahie, reposait un trésor défendu à peine par les murailles que la main du premier roi chrétien avait élevées, et qui bientôt allaient être impuissantes contre la rage impie des profanateurs. Là encore étaient les reliques de l'auguste patronne de Paris. Là les âmes pieuses, dans le secret et à la faveur des ombres, allaient encore conjurer Geneviève d'avoir pitié d'un peuple en délire et de fléchir par ses prières le courroux du Seigneur irrité. Les laisser jouir en paix de cette consolation était pour les impies un effort trop sublime.

Déjà les victimes les plus saintes et les plus augustes avaient été immolées. Les évêques et les prêtres avaient vu les autels se rougir de leur sang, et ceux que les massacres avaient épargnés trouvaient sur la terre de l'exil une mort plus affreuse encore à cause de ses lenteurs ! La tête de Louis XVI était tombée sous la hache révolutionnaire, et le retentissement du coup qui l'avait frappée ébranlait sur les trônes de l'Europe tous les souverains tremblants. Le sol de la belle France, souillé par des crimes inouïs dans ses annales, semblait ne devoir porter que des méchants, et s'entr'ouvrait comme un abîme sous les pas de la vertu proscrite.

Comme s'il avait fallu que tant de forfaits les enhardissent pour oser porter leurs mains sacriléges sur le corps de la vierge vénérée depuis tant de siècles, les hommes de sang de ces jours malheureux attendirent pour consommer leur attentat qu'un double régicide eût fait regarder leur puissance comme la seule qui ne devait point finir. Alors, forts de l'impunité de leurs crimes, ils courent à la vieille basilique. Ses voûtes dont l'écho ne savait répéter que les sons pieux des hymnes sacrées, ses voûtes frémissent au bruit des chants du blasphème et de la licence. La châsse sainte, ornée de toutes les riches parures qu'y avait déposées la piété, est arrachée avec violence de la place qu'elle occupait. L'or, les pierres précieuses qui la couvrent, en éblouissant les regards des profanateurs, suspendent un moment l'œuvre sacrilége et redoublent leur brutale joie. Ils dépouillent avec avidité l'arche sainte de ces dons précieux offerts par d'augustes mains. O Clovis! que n'étiez-vous là avec vos Francs!

Tout à coup la rage des impies, un moment assoupie à la vue des trésors, se réveille plus furieuse. Le coffre qui contient les saintes reliques est ouvert. Elles en sont arrachées aux éclats de rire de la cohorte sacrilége! Puis les profanateurs quittent l'enceinte sacrée, ils font une dérision impie des cérémonies que la foi rendait vénérables, ils veulent que ses ossements sacrés parcourent ces rues où jadis tant d'honneurs les accompagnaient. Mais ils les traînent sur le pavé, dans la boue ! Aux cris de blasphème qu'ils poussent dans l'ivresse de leur triomphe, une tourbe sacrilége sort des maisons qu'elle habite et vient joindre ses malédictions à leurs vociférations impies.

Les souverains en haillons atteignent enfin la place de Grève. Là, ils dressent un bûcher, ils y placent les saintes reliques. La flamme pétille et monte vers le ciel avec les acclamations d'une joie féroce. Tout a cessé, et le bruit et les flammes ! Les profanateurs sont occupés maintenant à disperser les cendres confondues des ossements saints et du bûcher ! O cité malheureuse ! tu n'as plus rien de Geneviève ! Moins coupable et plus fortunées, quelques villes de France gardent et cachent avec soin des parcelles de ces précieuses reliques ; mais toi, qu'elle couvrait avec amour du bouclier de sa protection, toi qui ne recourus jamais à elle sans voir tes vœux aussitôt exaucés qu'offerts, tu ne possèdes plus les cendres révérées de l'auguste bergère. Ingrate et timide, tu n'as point osé les défendre contre la horde impie qui voulait te les ravir. Pleure maintenant, car tu n'as plus de rempart à opposer aux coups du Seigneur.

XXII.

Les jours de terreur et de massacre passèrent
enfin. Un homme dont le courage et le génie étaient
dignes d'une si belle entreprise, un homme résolut d'étouffer l'hydre révolutionnaire. Il y parvint, et de la même main dont il brisait sa tête, il
rouvrit à la religion ses sanctuaires si longtemps
abandonnés.

Lorsque Bonaparte eut placé sur son front la
couronne de France, il voulut que l'église de Sainte-
Geneviève reprît son nom; mais il ne la rendit
point à sa destination première, et, par un décret
du 20 février 1806, il la désigna comme le lieu de
sépulture réservé aux maréchaux, grands officiers
et sénateurs de l'empire.

M. de Voisins, curé de la paroisse de Saint-Étienne du Mont, sur quelques pieux rapports, soupçonnant que les ruines de l'ancienne abbaye de Sainte-Geneviève renfermaient encore quelques restes de son tombeau, supplia monseigneur de Belloy, alors archevêque de Paris, d'ordonner que des fouilles fussent faites dans la chapelle souterraine de cette église. Le pieux prélat y consentit, et chargea M. de Malaret, vicaire général du diocèse, de présider à ces recherches, dont le résultat fut consigné dans un procès-verbal fait et signé par un grand nombre de témoins irrécusables.

On découvrit d'abord, au milieu de la chapelle souterraine, quatre pilastres en pierre, décorés de moulures, et au-dessus une voûte d'arête. Entre ces quatre pilastres se trouvait une estrade composée de deux marches régnant d'un pilastre à l'autre, et, au milieu de cette estrade, un tombeau en forme de piédestal quadrangulaire décoré d'une base et d'une corniche qui fut trouvée brisée et jetée parmi les décombres que la fureur révolutionnaire avait amassés dans la chapelle.

Au-dessus de cette assise on trouva une grande pierre dont un morceau était cassé et tombé au bas du tombeau. On en fit dégager la surface et les côtés, et l'on reconnut alors que cette pierre avait eu autrefois des rebords et ne pouvait être que le fond d'un tombeau, tel qu'on les faisait pour les rois et les personnes en honneur vers les ve et vi^e siècles.

Un examen plus attentif fit bientôt découvrir
sur les bords usés de cette pierre sépulcrale des
traces multipliées d'outils tranchants, comme
ciseaux ou couteaux de poche. Cet endroit avait
été connu de tout temps pour celui où les précieux restes de la sainte patronne de Paris avaient
été déposés lors de sa bienheureuse mort, ainsi
que l'attestèrent en ce moment monsieur le supé-
rieur général de l'ancienne abbaye et plusieurs
chanoines de Sainte-Geneviève, et cette pierre qui
formait le fond de son tombeau, courant risque
d'être entièrement détruite par la dévotion des
fidèles qui en détachaient de petits morceaux
pour les conserver, fut placée sur une construc-
tion plus élevée et revêtue de marbre, que la rage
des ennemis de la religion brisa, lorsque le sanctuaire consacré à l'auguste vierge devint leur
proie.

Ensuite de ces recherches, Monseigneur l'archevêque de Paris autorisa monsieur le curé de
Saint-Étienne du Mont à offrir cette relique à la vénération des fidèles. Une chapelle simple et modeste fut consacrée à la sainte bergère, et les
pierres de son tombeau, placées sous une grille,
reçurent bientôt de nouveaux hommages.

Dieu justifia par des prodiges l'authenticité de
ces pieux débris. Là encore une multitude innombrable de personnes reçurent du ciel les secours
demandés au nom de Geneviève. Leur reconnaissance a décoré la chapelle, et de pieux tableaux,
des garnitures de nappes d'autel, de jolis vases de

fleurs attestent chaque année que la bienfaisante patronne de Paris n'a point retiré sa main protectrice, et que sa puissance défie les siècles, comme son amour pardonne les outrages.

La chute de Bonaparte ayant ramené les Bourbons en France, Louis XVIII résolut de rendre à sa destination la superbe basilique élevée par la piété de son aïeul. Monseigneur l'archevêque de Paris, secondant de toute l'ardeur de son zèle le pieux dessein du monarque, recueillit quelques reliques de la sainte bergère, et le 3 janvier 1822, l'édifice sacré, purifié à l'avance des profanations dont on l'avait souillé, vit s'ouvrir, à la gloire de Dieu et de l'illustre patronne de la capitale, ces portiques magnifiques et somptueux. Sur le frontispice une croix entourée de rayons avait été sculptée.

On lisait au-dessous en lettres d'or :

> D. O. M. sub invocatione sanctæ Genovefæ,
> Lud. XV dicavit, Lud. XVIII restituit.

La cérémonie fut digne de la vierge sacrée dont on voulait honorer les précieuses reliques. Ouvert à la suite de la visite pastorale de 1821, le temple auguste fut rempli d'une foule pieuse, préparée à l'avance aux grâces dont Dieu devait la combler. Un autel magnifique, élevé à l'entrée du chœur, éclairé par mille flambeaux qui disputaient à l'éclat du soleil sa brillante lumière, était préparé pour le saint sacrifice. Le pontife y célébra les mystères sacrés, et distribua la divine eucharistie aux cœurs disposés à la recevoir. Une musique délicieuse, le chant des cantiques, celui des hymnes de l'Église, la fumée de l'encens, le recueillement des fidèles, tant de souvenirs, tout se réunissait pour rendre plus solennelle encore cette pompe majestueuse et touchante, où se déployaient de concert la magnificence des princes de l'Église et celle des rois de la terre.

De magnifiques tapisseries des Gobelins couvraient les murs nus de la sainte basilique. Les boiseries qui formaient provisoirement le chœur étaient recouvertes de tentures en velours cramoisi, enrichies de crépines d'or. Au fond du sanctuaire, sur les rideaux rouges galonnés en or qui cachaient la muraille, une croix, le chiffre de Marie et celui de sainte Geneviève se dessinaient, illuminés en verre de couleur. Le soir, au salut, quand derrière l'autel resplendissant de lumières, au-dessus des lustres qui garnissaient le chœur, apparaissaient et le signe auguste de la rédemption, et le nom si doux de la mère du Sauveur et celui de Geneviève, la patronne, la protectrice de Paris, un indicible sentiment s'emparait du cœur. Les remords, la joie, l'espérance s'y faisaient sentir tour à tour. On murmurait à la fois la prière du repentir et celle de l'amour, et, dans l'ivresse de la reconnaissance, il semblait que Dieu ne pouvait accorder à la France une faveur qui surpassât le don qu'elle recevait de sa bonté.

Les prélats et les prédicateurs les plus distin-

gués se faisaient un bonheur de monter dans la
chaire si simple du nouveau temple, pour proclamer les vertus et la gloire de l'humble bergère.
A l'imitation de Bourdaloue, ils aimaient à proclamer sa puissance, à relever sa bassesse, à dévoiler ses grandeurs. Un concours innombrable
de fidèles se pressaient autour de la chaire et de
l'autel, et les murs du vaste édifice devenaient
trop resserrés pour contenir la foule qui venait
honorer l'illustre patronne dont tant de fois le
nom seul avait révélé à chacun une grâce et un
bienfait.

Chaque moment de la journée amenait au pied
de la châsse révérée de nouveaux suppliants. On
donnait aux prêtres qui veillaient près des saintes
reliques des croix, des chapelets, des images, des
médailles, pour qu'ils les fissent toucher aux
restes précieux de Geneviève. On se mettait à
genoux pour que, la main étendue sur le front
des fidèles, ils récitassent l'Évangile. Touchant
spectacle, qui rappelait l'antique foi de nos
pères et leur pieuse confiance au Seigneur! Dans
cette multitude recueillie, il se trouvait bien
quelques impies qui prenaient en pitié la *simplicité* de ces âmes qui croyaient encore et qui honoraient comme leurs aïeux une religion qui dédai-
gnent les *esprits forts* du siècle; mais ils se con-
tentaient de sourire, ils n'osaient point blasphé-
mer, et leur silence devenait pour Geneviève
comme un hommage de plus.

A chaque neuvaine, l'auguste patronne de

Paris recueillait de nouvelles marques d'amour. Toujours les prélats de l'Église de France et les prêtres de Jésus-Christ se pressaient autour de ses autels ; les rois et les princes de la terre venaient s'humilier devant ses saintes reliques ; les peuples de la campagne accouraient avec la même confiance vers cette châsse où se trouvaient les restes précieux de celle qu'ils aimaient à nommer la bonne sainte Geneviève, et, contents de l'avoir priée, ils remportaient au foyer domestique le bouquet à fleurs rouges et à feuilles d'argent qui, béni aux reliques de la bonne sainte, devait les préserver de malheurs et attirer sur eux les faveurs du ciel.

Par suite des événements de 1830, les portes de la sainte basilique ont été de nouveau fermées. La croix qui couronnait la coupole de l'édifice sacré en a été arrachée. Le nom du Dieu vivant fut encore une fois effacé de son frontispice, les hommes avaient de nouveau usurpé la place du Seigneur ! Adorons en gémissant les décrets de la Providence ; toujours impénétrables, ils émanent d'un Dieu plein d'amour, et le plus bel hommage que nous puissions rendre à notre sainte patronne est celui d'une soumission parfaite aux volontés du ciel.

Toutefois, illustre vierge, une consolation nous restait encore. Nous regrettions, il est vrai, ce temple où nous aimions à vous invoquer, ces fêtes magnifiques célébrées en votre honneur, ces pieuses réunions où, en nous parlant de votre gloire, on nous apprenait à imiter vos vertus ; mais l'orage qui a passé sur la basilique superbe où reposaient vos précieuses reliques ne les a point englouties : nous les retrouvions chaque année dans cette antique cathédrale où nous allions implorer Marie, là patronne de ce royaume naguère si chrétien. Là, notre confiance redoublait, une pensée nous consolait, nous honorions à la fois la mère du Sauveur, cette toute-puissance suppliante à qui Jésus-Christ ne peut rien refuser, et l'épouse bien-aimée de ce Sauveur adorable, toujours exaucée quand elle a prié pour nous. Dans ce nouveau refuge ouvert à vos restes sacrés, nos vœux montaient vers vous plus vifs et plus ardents.

Enfin, après de nouveaux orages et de nouvelles révolutions, un prince de la famille du vaillant guerrier qui, au commencement de ce siècle, rétablit le culte catholique dans notre chère patrie, a pu bander ses plaies nouvelles. Comme premier appareil, il a rouvert pour vous le temple magnifique qui vous avait été destiné par Louis le Bien-Aimé. Oh ! de ce sanctuaire où vous régnez encore, laissez, auguste patronne, laissez tomber sur votre peuple de nouvelles bénédictions. Montrez-vous comme autrefois puissante pour le secourir, sensible à ses malheurs, indulgente à ses faiblesses ! Que les pauvres encore trouvent là les secours dont a besoin leur misère ; les malades, la santé ; les affligés, la consolation. Souvenez-vous de ces liens de la patrie qui ne se brisent jamais. Comme vous, c'est en France que nous avons reçu la vie ;

le sol que nous foulons aux pieds , c'est la terre
qui vous a vue naître. Cette langue que nous par-
lons en vous priant, c'est celle que vous parliez
aux jours de votre pèlerinage : oh ! priez donc ,
priez pour nous. Obtenez-nous à tous la grâce d'i-
miter votre foi , votre humilité , votre charité ,
toutes vos vertus enfin , pour que tous réunis à
vous dans le sein du Père des miséricordes , nous
soyons à jamais, ô Geneviève , ô la gloire de notre
France, vos concitoyens dans le ciel !

FIN.

Rouen. — Imp. MÉGARD et Cie.